A French Grammar Workbook

A French Grammar Workbook

Dulcie Engel, George Evans and Valerie Howells

First published 1998

2 4 6 8 10 9 7 5 3 1

Blackwell Publishers Ltd
108 Cowley Road
Oxford OX4 1JF
UK

Blackwell Publishers Inc.
350 Main Street
Malden, Massachusetts 02148
USA

British Library Cataloguing in Publication Data
A CIP catalogue record for this book is available from the British Library.

ISBN 0 631 20746 5 (pbk)

Commissioning Editor: Tessa Harvey
Desk Editor: Brigitte Lee

Typeset in 11 on 13pt Times
by Graphicraft Typesetters Limited, Hong Kong
Printed in Great Britain by MPG Books Ltd, Bodmin, Cornwall

This book is printed on acid-free paper

Contents

Preface and Acknowledgements   ix

Introduction   1

1 Phonetic transcription (1–3)   1
2 Use of capital letters (4)   1
3 Syllabic division and pronunciation (6–7)   2
4 Hyphens, accents, the cedilla (8–10)   2
5 Elision (12)   3

Basic Concepts and Technical Terms   4

6 Parts of speech (Preface xiii–xiv and 13–23)   4
7 Phrases and clauses (Preface xiii–xiv and 13–23)   5
8 Simple, compound and complex sentences and their functions
  (Preface xiii–xiv and 13–23)   6

Articles   11

9 The definite article (25–6)   11
10 Different uses of the article in French and English (27–30)   12
11 Geographical names (31–4)   13
12 The indefinite article (35–9)   14
13 The partitive article (40–4)   16
14 *De* after expressions of quantity, certain verbs, adjectives and
  prepositions (45–6)   19

Gender   20

15 Gender and sex (48–9)   20
16 Gender by category (50–1)   22
17 Place names (52)   23
18 Gender by ending (53–6)   24
19 Gender of compound nouns (57–63)   26
20 Same form, different gender, different meaning (64)   26
21 Review   27

Nouns and Adjectives: Feminine and Plural   28

22 The feminine of adjectives and the plurals of
    nouns + adjectives (75–126)   28
23 Agreement of adjectives (127–38)   30
24 Position of adjectives (139–54)   32

Adjectives and Adverbs   35

25 Adverbial forms (604–13)   35
26 The comparative and superlative of adjectives and
    adverbs (155–74)   36

Number   42

27 Numerals, fractions, decimals (178–92)   42

Pronouns and Pronominal Determiners   48

Personal Pronouns   48
28 Introduction (193–7)   48
29 Conjunctive personal pronouns (198–202)   48
30 The position of conjunctive personal pronouns (203–14)   50
31 Disjunctive personal pronouns (215–20)   53
32 Possessive determiners (222–30)   58
33 Possessive pronouns (231–3)   60
34 Demonstrative determiners and pronouns (234–47)   61
35 The neuter demonstrative pronouns (239–44)   63
36 The simple demonstrative pronoun (245–7)   64
37 *C'est* and *Il est* (248–61)   66
38 Relative pronouns (262–77)   68
39 Interrogative determiners and pronouns (278–90)   72
40 Indefinite adjectives, adverbs, determiners and pronouns (291–9) 73
41 *Même* (300)   75
42 *N'importe qui*, etc.; *on* (301–2)   76
43 *Pareil, tel, quelconque* (303–5)   77
44 *Quelque, quelques, quel que* (306–10)   77
45 *Quelque chose, quelqu'un, quiconque, qui . . . qui,
    qui que ce soit* (311–16)   78
46 *Tout*, etc. (317)   79
47 Quantifiers (320–37)   80

Verbs   83

48 Verbal morphology (340–3, 345–81)   83
49 The passive (382–5)   87
50 Negative and interrogative constructions (386–9)   90
51 Person and number (390–7)   91

Tenses   92
52 Present tense (399, 404, 413–14)   92
53 Past tenses: imperfect, preterite, perfect (405–10)   94
54 Pluperfect, past anterior and double-compound tenses (411–12)   99
55 *Depuis (que), il y a, voici, voilà . . . que* (413)   100
56 Future tenses (414)   101
57 The conditional and conditional clauses (415–24)   102
58 Infinitives (425–38)   103
59 The present participle (439–46)   105
60 The past participle (447–71)   107

Moods   108
61 The subjunctive (473–506)   108
62 May, might, must, ought, should, would (507–13)   111
63 The imperative (514–17)   111
64 The complement of verbs (518–38)   114
65 Idioms with *avoir, être, faire* (539–41)   117

Sentence Structure and Word Order   120

66 Position of adverbs (633–43)   120
67 Negation (542–80)   122
68 Interrogatives (direct and indirect) (581–95)   130
69 Inversion (596–601)   135
70 Dislocation, fronting, emphasis (602)   137

Prepositions   140

71 Prepositions (644–88)   140
72 Government of verbs by prepositions (649)   143
73 Meaning and use of prepositions (652–85)   146
74 Prepositions used with adjectives and past participles (686–8)   149

Conjunctions   151

75 Identification and use (689–704)   151

Appendix   155

76 Age (705)   155
77 Time of day, days of week, months, etc. (706–7)   156
78 Duration and periods of time (708–11)   160
79 Price (712)   163
80 Dimensions (713)   165
81 Speed and fuel consumption (714–15)   167

Key   169

Preface and Acknowledgements

This workbook, consisting of 81 sets of exercises, is designed to accompany my rewritten version of L. S. R. Byrne and E. L. Churchill's *Comprehensive French Grammar* (4th edition, Oxford, Blackwell, 1993). It follows the order of that grammar and references to the relevant sections of it are indicated after the heading to each set of exercises. The exercises can, however, be used independently of the grammar.

The varied range of exercises includes, among others, structural drills, completion exercises, multiple-choice questions, quizzes, substitution drills, and translation and composition exercises designed to test the student's grasp of specific grammatical constructions. A key is provided which will be of particular help to those working independently.

I am most grateful to the three authors for undertaking the task of preparing this workbook, and for doing so so successfully. They in turn wish to thank their native-speaker colleagues in the French Department of University of Wales Swansea for their linguistic advice, Dr Gabriel Jacobs and Ms Lynne Muir for help in producing the manuscript, and Tessa Harvey and Brigitte Lee for their invaluable editorial support.

Glanville Price

Introduction

1 Phonetic transcriptions [1–3]

(1) Match up the following phonetic transcriptions with the letters of the alphabet:

[a] [se] [be] [y] [ɛr] [te] [i] [ɛn] [o]

a c b u r t i n o

[zɛd] [ə] [ʒi] [ky] [ɛm] [ɛf] [ɛl] [igrɛk] [ʒe]

z e j q m f l y g

[iks] [de] [ve] [ɛs] [ka] [aʃ] [pe] [dubləve]

x d v s k h p w

(2) Which French words are transcribed thus?

[myr] [œ̃] [trwɑ] [sɛ̃kɑ̃t] [ʒezy] [dʒɔgiŋ] [ɛrb]

un trois cinquante   herbe

[rɛzɛ̃] [kɑ̃] [pje] [ʃa] [pø] [prɛtɑ̃] [œrø]

pied ça   horr

2 Use of capital letters [4]

(1) Add capital letters where necessary:

(a) c'était la fin de la seconde guerre mondiale et l'italie avait du mal à nourrir les siens. les hommes étaient envoyés dans les mines belges. les femmes et les enfants n'allaient pas tarder à les rejoindre. toni, d'origine sicilienne, et séraphita, sarde, ont été élevés dans la nostalgie du pays. comme s'ils étaient italiens en belgique et belges en italie, ils empruntent aux deux cultures.

(b) lors des traditionnelles rencontres culturelles organisées chaque été par le parti socialiste, le nouveau ministre de la culture a annoncé que nombre de spectacles allaient être annulés dès le 16 juillet.

(c) la france «importe» des hommes depuis le début du xixᵉ siècle. avec le décollage de l'industrie dans la seconde moitié du siècle, des vagues nombreuses d'italiens et de polonais, puis des réfugiés juifs, les russes après la révolution de 1917, et depuis le début du siècle, des populations issues de l'empire colonial, sénégalais, maghrébins etc.

(d) l'ouvrage du professeur thomas sergy sur l'institution de l'académie française constitue un outil de référence pour les étudiants et les linguistes. l'année prochaine le ministère de l'éducation nationale va financer une version de cet ouvrage sur un cédérom.

3 Syllabic division and pronunciation [6–7]

Divide the following words/expressions into syllables (e.g. bi/o/lo/gie):

téléphone	un enfant
té/lé/phone	....
inconnu	des amis
in/con/nu	....
inacceptable	les Allemands
in/ac/cep/table	....
charmant	Allez-vous-en!
....	....
informatique	«C'est impossible,» dit-il
....	....
revenir	respect
....	....
respectable	sculpture
....	....

4 Hyphens, accents, the cedilla [8–10]

(1) Proofread the following, making the appropriate corrections:

(a) L'année 1996 a été marquée par l'occupation de l'église Saint-Bernard par les sans-papiers dont 10 ont entamé une grève de la faim. L'arrivée de la gauche au pouvoir va-t-elle changer quelque chose pour les sans-papiers? La France va-t-elle se faire le porte parole d'une politique moins restrictive?

(b) Comment-va la santé financiere de la Grande-Bretagne? Et celle des Pays-Bas? Ces pays sont-ils riches ou pauvres? Est ce la ruine ou non?

(c) Robert Mitchum et James Stewart sont morts, Mitchum á 80 ans, Stewart à près de 90 ans. Y-eut-il jamais à Hollywood deux comédiens plus différents l'un de l'autre? Mitchum fait ses classes dans la rue, Stewart, à Princeton.

Celui-ci eut des penchants pour l'ordre, celui-là pour la désobéissance. Les voilà réunis dans le grand sommeil.

(d) L'Europe se definit par ses valeurs culturelles et sa memoire. Comment diffuser cette idée parmi les habitants du vieux continent? L'education ne semble-t-elle pas la meilleure façon d'y parvenir? L'Europe pourra-t-elle se faire sans une ecole plus européenne?

(e) L'année dernière je n'ai reçu qu'un tout petit cadeau d'anniversaire, mais cette année j'espére en recevoir un grand, car mes parents m'ont toujours dit que je recevrais quelque chose de spécial si je réussissais mon bac.

5 Elision [12]

Are the following correctly written?

(a) Va-t'en!
(b) Puisque Amélie ne veut pas partir, c'est toi qui devras y aller.
(c) La pièce a duré de 19 h jusqu'à 23 h.
(d) Lorsque je lui ai demandé si elle voulait m'accompagner, elle a dit oui tout de suite. Je dois avouer que ce oui m'a tout à fait étonné.
(e) Comment se prononce la première syllabe de «inconnu»?

(a) Oui ....

(b) ....

(c) ....

(d) elle a dit «Oui, tout de suite. ....

(e) Oui ....

Basic Concepts and Technical Terms

6 Parts of speech [Preface xiii–xiv and 13–23]

(1) As categories of words, what do the following have in common? They are all ... ?

(a) jambon / intelligence / princesse / mini-jupe / TGV /   *nouns* ....

(b) est / irai / a décidé / aimer / avait /   *verbs* ......

(c) petit / dernière / économique / récent / britannique /   *adjectives* ...

(d) vite / souvent / exprès / mieux / agréablement /   *adverbs* ....

(e) tu / moi / celle / dont / qui /   *pronouns* ...

(f) mais / et / ou / lorsque / parce que /   *conjunctions*.

(g) dans / par / malgré / auprès de / grâce à /   *prepositions* ..

(2) In each sentence, identify the words which correspond to the part of speech given in brackets:

(a) Près d'un foyer français sur six reçoit la télévision par satellite ou par câble. (**Noun**)

   foyer, télévision, satellite, cable ....

(b) A l'heure actuelle les chasses d'eau consomment neuf litres à chaque utilisation. (**Noun**)

   chasses, eau, litres, utilisation ....

(c) Tu as perdu quoi? (**Pronoun**)

   tu, quoi ....

(d) Mars est deux fois plus petite que la Terre. (**Determiner**)

   la ....

(e) Dans ce roman, le héros, un vieux de 30 ans, tombe amoureux d'une demoiselle brune de 18 ans. (**Determiner**)

   ce, le, un, une ....

   ....

(f) Ce canapé 3 places ne coûte que 13 000 FF pendant la période de l'offre. Après il sera vendu 18 000 FF. (**Verb**)

coûte, sera vendu

(g) Le bidet est apparu aux alentours des années 1720. (**Verb**)

est

(h) Mars possède le canyon le plus profond du système solaire. (**Adjective**)

profond, solaire

(i) Certaines chambres de commerce vous fourniront pour 1 000 FF toutes les informations nécessaires. (**Adjective**)

certaines, nécessaires

(j) Elle chante exceptionnellement bien. (**Adverb**)

exceptionnellement

(3) What word categories do the following belong to? E.g. ballon = concrete noun. Choose your answer from the list given. Each term may be used only once.

(a) Astérix	*proper noun*	(i)	impersonal verb
(b) bonheur	*abstract noun*	(ii)	preposition
(c) main-d'œuvre	*compound noun*	(iii)	possessive adjective
(d) il faut	*impersonal verb*	(iv)	adverb of time
(e) aujourd'hui	*adverb of time*	(v)	abstract noun
(f) là	*adverb of place*	(vi)	comparative adjective
(g) chez	*preposition*	(vii)	subordinating conjunction
(h) puisque	*sub. conjunction*	(viii)	proper noun
(i) mes	*possessive adjective*	(ix)	adverb of place
(j) meilleur	*comparative adj.*	(x)	compound noun

7 Phrases and clauses [Preface xiii–xiv and 13–23]

(1) (i) What is the difference between a phrase and a clause?

(ii) Identify the words underlined in the sentences below as a phrase or a clause.

(iii) Identify which kind of phrase or clause (e.g. noun phrase, verb phrase, adjectival clause etc.) the words underlined are.

(a) <u>La Banque d'Angleterre</u> mit sur le marché <u>dès mars 1797</u> son premier papier-monnaie. (i) (ii)

noun phrase (i)

adverbial phrase

(b) On note une baisse de consommation des aliments traditionnels <u>qui sont devenus de plus en plus rares</u>.

....

....

(c) <u>Dès qu'il arrive</u>, il vient me voir.

....

(d) Elle <u>a acheté</u> une nouvelle voiture pour son fils.

....

(e) Voulez-vous <u>que je vous aide</u>?

....

(2) What is the **function** of the element underlined in the sentences below?

(a) <u>Cette société</u> a investi près de 250 millions de francs en France.

....

(b) Cette société a investi <u>près de 250 millions de francs</u> en France.

....

(c) François Mitterrand est devenu <u>Président de la République</u> en 1981 et il a été réélu en 1988.

....

....

(d) Vous avez envoyé les cartes postales <u>à nos amis</u>?

....

(e) Fishguard, <u>petit port</u> situé à l'extrémité sud-ouest du pays de Galles, a célébré il y a quelques années le bicentenaire de la dernière invasion de la Grande-Bretagne.

....

....

....

8 Simple, compound and complex sentences and their functions
[Preface xiii–xiv and 13–23]

(i) Sentences may be simple (= one clause/phrase only), compound (= two or more equal clauses/phrases) or complex (= having main clause(s) and subordinate clause(s)), for example:

Au revoir. (Simple)

Je vous aime. (Simple)

Le taux de chômage monte toujours, mais les personnes âgées de plus de 25 ans sont moins touchées. (Compound)

S'il fait beau demain, on va manger en plein air. (Complex)

(1) Which of the following sentences are simple sentences? Which are compound sentences? Which are complex sentences?

(a) Je vous remercie.
(b) Je vous remercie infiniment.
(c) Ah oui.
(d) Quelle est la différence entre une phrase simple et une phrase complexe?
(e) 55% des familles françaises ont un ou plusieurs chiens, mais près de 5% des chiens sont abandonnés par leurs maîtres.
(f) Une phrase complexe est une phrase qui comporte au moins deux propositions.
(g) Elle lisait dans sa chambre quand sa mère est revenue.
(h) A la suite des événements de mai 1958 en Algérie le Général de Gaulle forme un gouvernement qui reçoit la confiance de l'Assemblée nationale le 1er juin.
(i) Les deux journalistes ont interrogé beaucoup de monde et ils ont fait de nombreuses découvertes étonnantes.
(j) Vous devez choisir parmi toutes ces informations celle qui vous paraît la plus intéressante.
(k) La pollution de l'air gagne les principales métropoles françaises.
(l) John Kennedy J^r fait la leçon à ses cousins polissons.

(a) ....

(b) ....

(c) ....

(d) ....

(e) ....

(f) ....

(g) ....

(h) ....

(i) ....

(j) ....

(k) ....

(l) ....

(2) Identify the basic structure of the following simple sentences:

Examples: Elle / est partie = subject / verb
Sa mère / lui / a donné / un cadeau = subject / indirect object
pronoun / verb / (direct) object.

(a) La coopération entre Israël et les Palestiniens avait cessé.
(b) Je vais partir.
(c) Ces images d'archives sont très intéressantes.
(d) Les grands artistes sont des provocateurs.
(e) Pierre Rosenberg dirige le musée du Louvre.
(f) Un paquet de cigarettes rapporte 5 francs à l'État.
(g) Dieu a donné sa grâce à toutes ses créatures.
(h) J'ai parlé au Premier ministre.
(i) Je le vois.
(j) Elle me l'a donné.
(k) Leur père leur avait demandé de venir le voir.
(l) Claudine est adorée par ses enfants.

(a) ....

(b) ....

(c) ....

(d) ....

(e) ....

(f) ....

(g) ....

(h) ....

(i) ....

(j) ....

(k) ....

(l) ....

(3) Compare and explain the structure of the following examples:

(a) { On pardonne des torts à un ami.
    { On pardonne à un ami des torts même très graves.

(b) { Dieu a donné sa grâce à toutes ses créatures.
    { Dieu a donné à toutes ses créatures sa grâce divine et fortifiante.

(c)   ⎰ Le Prince préfère un ami dévoué à tous les courtisans.
      ⎱ Le Prince préfère à tous les courtisans un ami dévoué.

(a) ....

    ....

(b) ....

    ....

(c) ....

    ....

(4) Compose sentences using the elements given below; where you can compose more than one sentence from these elements, explain the difference between them:

(a) Mademoiselle X a été trouvée
    assassinée
    dans sa chambre
    par sa femme de ménage

    ....

    ....

(b) Je rentre de ma promenade
    mon esprit en paix
    avec mon chien

    ....

    ....

(c) Pierre Rosenberg dirige le musée du Louvre
    depuis 1994
    par an
    qui reçoit 4,5 millions de visiteurs

    ....

    ....

(ii) From the point of view of their function, sentences may be declarative (= statements), imperative (= commands), interrogative (= questions) or exclamatory (exclamations). Can you identify the function of each of the following sentences? (Punctuation has been omitted.)

(a) C'est sans aucun doute son meilleur livre
(b) Cet été le géant des céréales Kellogg's a organisé des jeux permettant de gagner des voyages

(c) Comment ça s'écrit
(d) Pour en savoir plus téléphonez à Lucienne Bénin
(e) Comme tu es gentille
(f) On ne sait plus ce qu'est et ce que veut le socialisme
(g) Qu'est-ce qu'il est avare ton père
(h) Que pensez-vous de ce nouveau film avec Depardieu
(i) Cette année faisons tout pour que la rentrée ne soit pas trop difficile
(j) Peut-être est-il allé voir sa mère

(a) ....

(b) ....

(c) ....

(d) ....

(e) ....

(f) ....

(g) ....

(h) ....

(i) ....

(j) ....

Articles

9 The definite article [25–6]

(1) Tick the correct article in the appropriate column:

	LE	LA	L'	LES
(a) guerre		✓		
(b) produits				✓
(c) atmosphère			✓	
(d) loi	✓	✓		
(e) coupables				✓
(f) habitation			✓	
(g) automobiliste			✓	
(h) horizons				✓
(i) homard			✓	
(j) hiérarchie		✓		
(k) journée		✓		
(l) mensonge	✓			

(2) Combine the above with (a) the preposition *à* (b) the preposition *de*

(a) à la guerre   à la loi   à l'automobiliste   à la hiérarchie
aux produits   aux coupables   aux horizons   à la journée
à l'atmosphère   à l'habitation   à l'homard   au mensonge

(b) de la guerre   de la loi   de l'automobiliste   de la hiérarchie
des produits   des coupables   des horizons   de la journée
de l'atmosphère   de l'habitation   de l'homard   du mensonge

10 Different uses of the article in French and English [27–30]

(1) Is an article needed? If so, complete the following sentences by inserting the relevant article in the gap provided.

E.g.   Tolède, ... ancienne capitale de l'Espagne.
       Tolède, ancienne capitale de l'Espagne.

     Il apprend .... anglais.
     Il apprend l'anglais.

(a) M. Chirac, ...le........ Président de la République, prend la parole.
(b) Nous aimons mieux ....le........ café que .....le....... thé.
(c) Il apprend ...le........ japonais.
(d) ...Le........ professeur Laval constate que ....lo.......... racisme en France relève plutôt de la xénophobie sociale.
(e) .Les........ dégâts occasionnés par ...les....... pigeons sont une calamité pour ...les........ monuments historiques.

(2) Translate:

E.g.   Foreign workers always settle in the same areas.
       Les travailleurs étrangers s'installent toujours dans les mêmes régions.

(a) President Clinton does not rule out the possibility of new strikes against the enemy.   + passive ve
(b) Pope John-Paul II is expected in the Vendée on the 19th of September.
(c) The Hollywood image of the French worker – a bottle of wine in his right hand, a baguette of bread under his left arm, and a black beret on his head – is a thing of the past.
(d) Germany, France, Austria and the Benelux countries are ready to participate in the single currency.
(e) We'll meet again on All Saints' Day.

(a) Le président Clinton n'écarte pas la possibilité des attaques nouvelles sur les ennemis.

(b) Le pape Jean-Paul IIème doit arriver à la Vendée le 19 septembre.

(c) ....

(d) L'Allemagne, la France, l'Autriche, et les pays de Benelux sont prêt à utiliser la monnaie unique.

(e) ....

11 Geographical names [31–4]

(1) Combine an element from each column to make a complete sentence, e.g.
Ceux qui se déplacent le plus souvent ce sont les Bambaras d'Afrique (a / 7).

(a) Ceux qui se déplacent le   (1) l'histoire de la France
    plus souvent
(b) Il arrive   (2) d'Espagne
(c) L'ambassadeur discute   (3) à l'histoire du Japon
(d) Nous étudions   (4) au Havre
(e) Elle revient   (5) la politique extérieure des États-Unis
(f) Elle s'intéresse   (6) du Portugal
(g) Il a passé six mois   (7) ce sont les Bambaras d'Afrique
(h) Faites un petit tour   (8) au Pakistan

(a) / (7)   (c) .1.5....... /   (e) .1.8........   (g) .1.2........

(b) .1.6........   (d) .1.4..........   (f) .1.3........   (h) .1.4........

(2) Explain the inclusion or absence of the definite article in these phrases and
sentences, then translate each one into English:

E.g.   Il revient de Grande-Bretagne. He is coming back from Britain.
       (The article is not used with feminine singular names when *de* means
       'from'.)

(a) Ils n'ont pas de fusil comme les Indiens d'Amazone.
(b) Cette vaisselle du Nigéria qui inonde aujourd'hui tous les marchés.
(c) Sur la côte sud du Pérou, dans un désert de sable, des centaines de traces
    rectilignes couvrent une superficie de 520 km^2.
(d) Dans certaines tribus d'Afrique ou d'Amérique du Sud les personnes âgées
    jouent le plus grand rôle.
(e) Marie a quitté le confort de Paris et s'est envolée pour le Groenland.
(f) Parmi ces projets, un des exemples les plus intéressants vient d'Italie.

(a) ....

....

(b) ....

....

(c) ....

....

(d) ....

....

(e) ....

....

(f) ....

....

12 The indefinite article [35–9]

(1) Translate:

E.g. He has been elected a member of Parliament.

Il a été élu député.

(a) My father was an architect and my mother was a secretary.

....

(b) Everyone either is, or will be, a Gaullist.

....

(c) He is a well-respected doctor.

....

(d) What a character and what a life!

....

(2) Fill in the blanks with the relevant article, where necessary.

E.g. Elle est .... Française.

Elle est Française.

(a) L'homme est .... animal raisonnable.

(b) Les annonces du «Carnet du Jour» se vend à 120 FF .... ligne.

(c) Georges Bernanos, ... romancier catholique français du vingtième siècle, a écrit *Le Journal d'un curé de campagne*.

(d) Aux États-Unis, la mélatonine, ... médicament prétendant favoriser le rajeunissement, se vend à la tonne.

(e) Il ne voulait pas devenir .... chanteur mais .... acteur.

(3) (i) Translate the following. Remember to add an English indefinite article in your version of the underlined phrases:

E.g. Non! On ne l'a pas dit. Il y a erreur.

No! That was not said. There is a mistake.

(a) Avant d'envoyer des hommes vers Mars, il est indispensable de réaliser nombre d'expériences.

....

(b) Le Président de la République peut mettre fin aux fonctions du Premier ministre.

....

(c) <u>Il y a certain risque</u> à vouloir serrer de trop près la vérité.

....

(d) Il le lui a demandé et, <u>chose incroyable</u>, elle a dit oui.

....

(e) <u>Nombre de</u> clients font chaque jour étape chez Novotel.

....

(f) Traduire Brassens n'est pas <u>chose facile</u>.

....

(ii) Translate the following. Remember to include the French indefinite article before each noun.
E.g.   I know he has a son or daughter.
      Je sais qu'il a un fils ou une fille.

(a) He drives a Peugeot or Renault.

....

(b) He has put a pen, ruler and rubber on the table.

....

(c) They brought a table and chair.

....

(d) This book gives a summary and study of the film's themes.

....

(e) He showed remarkable strength and courage.

....

(4) Combine a phrase from each column to make a meaningful sentence.
E.g.   Un motard sans casque augmente d'un tiers ses risques d'être tué.

(a) Un motard sans casque augmente	de cent kilomètres par heure
(b) Le vent souffle	dont le débit avait atteint 50 000 mètres cubes par seconde
(c) L'eruption a provoqué une coulée de boue	à 80 à l'heure
(d) Les policiers eux-mêmes pensent que	ces jeunes gens ont agi sans provocation
(e) Par un hasard singulier	d'un tiers ses risques d'être tué
(f) Il s'est battu	le plus mauvais jour pour les embouteillages sera le jeudi des élections législatives
(g) Il roulait à une vitesse	avec un grand courage

(a) ....

(b) ....

(c) ....

(d) ....

(e) ....

(f) ....

(g) ....

13 The partitive article [40–4]

(1) Tick the correct form of the partitive:

	DU	DE L'	DE LA	DES
(a) huîtres				✓
(b) boissons				
(c) eau				
(d) vin				
(e) fidélité				
(f) sable				
(g) rigueur				
(h) huile				
(i) houle				

(2) Translate:

E.g.   She has cousins in Canada.
       Elle a des cousins au Canada.

(a) We bought potatoes and bread.

....

(b) Wine does you good.

....

(c) There are tools in the drawer.

....

(d) I ate cheese and biscuits.

....

(e) She has not received any letters.

....

(f) This should not pose any insurmountable problem.

....

(3) Select an appropriate article to fill in the gap.

E.g.   Beaucoup .... timbres qu'il a achetés sont sans valeur.
        Beaucoup des timbres qu'il a achetés sont sans valeur.

(a) C'est un peintre .... paysages.
(b) C'est le peintre .... paysages suspendus dans cette salle.
(c) .... hommes sont mortels.
(d) Il a .... mains sales.
(e) Nous aimons .... bière.
(f) Les étudiants auront acquis .... bonnes notes pendant l'année.
(g) Nous ne buvons jamais .... café.
(h) On m'a raconté .... affreuses histoires.
(i) Elle ne boit que .... eau.
(j) Donnez-moi un verre .... vin que Philippe a apporté.

(4) Rewrite the following sentences, making the nouns plural.

E.g.   Il réfléchit à un problème grave.
        Il réfléchit à des problèmes graves.

(a) Un enfant sage ne ment jamais.
(b) Nous mangerons un petit pain et une saucisse.
(c) Nous avons peur du gros chien.
(d) J'ai acheté une bonne poire.
(e) Un grand homme aime une grande cause.

(a) ....

(b) ....

(c) ....

(d) ....

(e) ....

(5) Translate into English, commenting on the underlined words. E.g., in (a) below,
de is used because the partitive follows the negative construction *ne . . . guère.*

(a) Il est intolérable que plus de 800 millions de personnes dans le monde
     n'aient guère <u>de</u> vivres.

....

(b) Nous n'avons que <u>du</u> mépris pour eux.

....

(c) Nostradamus avait prophétisé qu'au 20ᵉ siècle nous connaîtrions <u>de</u> terribles dictatures et que nous vivrions <u>des</u> guerres dévastatrices.

....

....

(d) <u>Le</u> vin est la plus saine et la plus hygiénique <u>des</u> boissons. (Pasteur)

....

(e) <u>De</u> grandes réalisations architecturales de prestige sont nécessaires dans une grande ville, et je doute que <u>d</u>'autres villes de France puissent rivaliser avec Paris.

....

....

(f) Bonheur, sérénité . . . tous ces grands mots ne sont que <u>des</u> illusions.

....

(g) Il m'avait promis que nous ferions <u>de</u> grands voyages, mais notre seul voyage a été un séjour d'une semaine dans un camping de Marseille.

....

....

(h) Le bruit ne fait pas <u>de</u> bien et le bien ne fait pas <u>de</u> bruit.

....

(6) Rewrite in negative form.
E.g.   Nous mangeons des œufs.
       Nous ne mangeons pas d'œufs.

(a) Racontez-moi des histoires.

....

(b) Je prendrai du vin d'Alsace.

....

(c) Il boit du café.

....

(d) On te donne de l'argent.

....

(e) Prends des frites.

....

(f) Les personnes qui viennent nous consulter laissent une adresse et un nom.

....

14 *De* **after expressions of quantity, certain verbs, adjectives and prepositions [45–6]**

(1) Fill in the gaps in the following sentences.

E.g.   Une dizaine .... verres qu'elles ont apportés.
        Une dizaine des verres qu'elles ont apportés.

(a) Une bouteille .... vin d'Alsace qu'Antoine a apporté.
(b) Les famines en Ethiopie et en Somalie n'ont pas fait autant ....
    victimes.
(c) Elle a beaucoup .... défauts mais elle sait les cacher.
(d) Cet artiste a participé à une vingtaine .... expositions collectives.
(e) Il gaspille beaucoup .... argent qu'on lui donne.
(f) Les hommes souffrent d'un manque .... confiance en eux, et d'un
    manque .... croyances en .... valeurs incontestées.
(g) Après l'incendie, les autorités ont déploré l'absence .... système
    d'alarme et .... dispositif anti-incendie.
(h) Le conseil avait bloqué un effort de recherche pour .... raisons
    budgétaires.
(i) Il a mangé une tranche .... tarte au flan que tu as apportée.
(j) Une vie sans foi est une vie dépourvue .... sens.
(k) Nous sommes submergés .... travail.
(l) Il a cassé la tasse .... thé.

Gender

15 Gender and sex [48–9]

(1) Complete the following table:

MALE	FEMALE
un étudiant	une étudiante
	une amie
un associé	
	une musicienne
un vendeur	
un chanteur	
un acteur	
un ouvrier	
un champion	
	une concierge
	une élève
un touriste	
un camarade	
	une copine
un voisin	
un romancier	
	une victime
	une vedette de cinéma

un professeur	
un médecin	
un ministre	
	une femme
	une dame
	une reine
un prince	
un garçon	

(2) Using the family tree given below, answer the questions that follow.

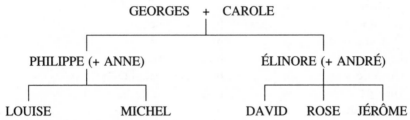

| What is CAROLE to PHILIPPE? | → | *C'est sa mère* |
| What is GEORGES to PHILIPPE? | → | *C'est son père* |

(a) And PHILIPPE to GEORGES? ....
(b) And GEORGES to CAROLE? ....
(c) And CAROLE to ÉLINORE? ....
(d) And ROSE to ÉLINORE? ....
(e) And JÉRÔME to CAROLE? ....
(f) And GEORGES to DAVID? ....
(g) And LOUISE to CAROLE? ....
(h) And GEORGES to ANNE? ....
(i) And ANDRÉ to PHILIPPE? ....
(j) And ANDRÉ to GEORGES? ....
(k) And PHILIPPE to ROSE? ....
(l) And DAVID to ÉLINORE? ....
(m) And ÉLINORE to MICHEL? ....
(n) And LOUISE to ÉLINORE? ....

(o)	And LOUISE to MICHEL?	....
(p)	And ROSE to MICHEL?	....
(q)	And ANNE to CAROLE?	....
(r)	And JÉRÔME to LOUISE?	....

(3) Tick as appropriate.

Which of the following have:

(a) only masculine form?
(b) only feminine form?
(c) related masculine and feminine forms?
(d) separate, unrelated masculine and feminine forms?

(i)	Un éléphant	a	b	c	d .....
(ii)	Un rat	a	b	c	d .....
(iii)	Un chien	a	b	c	d .....
(iv)	Un lion	a	b	c	d .....
(v)	Une souris	a	b	c	d .....
(vi)	Une grenouille	a	b	c	d .....
(vii)	Un singe	a	b	c	d .....
(viii)	Un tigre	a	b	c	d .....
(ix)	Un cerf	a	b	c	d .....
(x)	Une girafe	a	b	c	d .....

16 Gender by category [50–1]

(1) Which of the following categories are usually masculine, and which are usually feminine? Give at least three examples of each with the appropriate definite article.

(a) Trees and shrubs
(b) Metals, minerals and chemical substances
(c) Languages
(d) Colours
(e) Fruits and vegetables ending in -e
(f) Fruits and vegetables not ending in -e
(g) Numbers, weights and measures, fractions
(h) Letters of the alphabet
(i) Days of the week, months, seasons
(j) Points of the compass

(a) ....

(b) ....

(c) ....

(d) ....

(e) ....

(f) ....

(g) ....

(h) ....

(i) ....

(j) ....

(2) The following are exceptions: add *le / la / l'* (*masc*) */ l'* (*fem*) as appropriate:

(a) vigne   ....
(b) bruyère   ....
(c) pierre   ....
(d) perle   ....
(e) chaux   ....
(f) écarlate   ....
(g) moitié   ....
(h) centaine   ....
(i) pamplemousse   ....
(j) concombre   ....

17 Place names [52]

(1) In the following list of countries add the missing *le / la* as appropriate:

(a) .... France
(b) .... Suisse
(c) .... Chine
(d) .... Royaume-Uni
(e) .... Norvège
(f) .... Danemark
(g) .... Japon
(h) .... Russie
(i) .... Nouvelle-Zélande
(j) .... Mexique
(k) .... Canada
(l) .... Suède
(m) .... Portugal
(n) .... Hollande
(o) .... Belgique

(2) Write M or F to indicate whether the following **French** place names (**which need articles**) are masculine or feminine:

(a) Nord-Pas-de-Calais   ....
(b) Centre   ....
(c) Bretagne   ....
(d) Corse   ....
(e) Lorraine   ....
(f) Île-de-France   ....
(g) Midi-Pyrénées   ....
(h) Limousin   ....
(i) Provence   ....
(j) Touraine   ....
(k) Manche   ....
(l) Calvados   ....
(m) Dordogne   ....
(n) Vendée   ....
(o) Val-d'Oise   ....
(p) Vaucluse   ....
(q) Loire-Atlantique   ....
(r) Lot-et-Garonne   ....
(s) Rhône-Alpes   ....
(t) Réunion   ....

(3) Indicate gender by writing M or F for the following foreign place names:

(a) Texas   ....
(b) Californie   ....
(c) Louisiane   ....
(d) Kent   ....
(e) Pembrokeshire   ....
(f) Perthshire   ....

18 Gender by ending [53–6]

(1) Which endings in the following list usually indicate that the noun is masculine?

-ai, -oi / -ment / -tude / -age / -é / -er, -ier / -aison / -ès /
-et / -eau / -aine, -eine / -ace / -ade / -euse /
-ail, -eil, -euil / -at / -isme / -ise / -tion, -sion /
- ée / -ie, -uie / -ine / -ing / -ille / -sse /
-lle, -ffe, -ppe, -tte / -ède, -ège, -ème / -i / -ière / -ure /
-té, -tié / -èche, -èque, -èse / -ance, -ence, -anse /
-b, -c, -d, -g, -k, -p, -q, -z / -oir / -ou / -eur (referring to human beings and physical objects) / -eur (referring to abstractions) /

....

....

....

....

....

(2) The following are common exceptions to the categories they belong to; add *le / la / l' (fem) / l' (masc)* as appropriate:

(a)   cage (*cage*)   ....
(b)   plage (*beach*)   ....
(c)   page (*page in book*)   ....
(d)   image (*picture*)   ....
(e)   foi (*faith*)   ....
(f)   loi (*law*)   ....
(g)   espace (*space*)   ....
(h)   stade (*stadium*)   ....
(i)   domaine (*domain*)   ....
(j)   silence (*silence*)   ....
(k)   chèque (*cheque*)   ....
(l)   clé (*key*)   ....
(m)   eau (*water*)   ....
(n)   peau (*skin*)   ....
(o)   cuiller (*spoon*)   ....
(p)   crème (*cream*)   ....
(q)   fourmi (*ant*)   ....
(r)   lycée (*senior secondary school*)   ....
(s)   musée (*museum*)   ....
(t)   incendie (*fire*)   ....
(u)   parapluie (*umbrella*)   ....
(v)   génie (*engineering*)   ....
(w)   derrière (*backside*)   ....
(x)   magazine (*magazine*)   ....
(y)   comité (*committee*)   ....
(z)   côté (*side*)   ....
(aa) traité (*treaty*)   ....
(bb) bonheur (*happiness*)   ....
(cc) honneur (*honour*)   ....
(dd) malheur (*unhappiness*)   ....

(3) Of the following pairs of words, which is masculine, which feminine?

(a)	visa	vodka	....
(b)	hygiène	phénomène	....
(c)	caractère	atmosphère	....
(d)	ministère (*ministry*)	colère	....
(e)	satellite	visite	....
(f)	kilo	photo	....
(g)	foire	territoire	....
(h)	victoire	laboratoire	....
(i)	date	doute	....
(j)	chose	quelque chose	....
(k)	honte	conte	....
(l)	côte (*coast*)	vote	....
(m)	troupe	groupe	....
(n)	problème	crème (*cream*)	....
(o)	pin (*pine tree*)	fin (*end*)	....

19 Gender of compound nouns [57–63]

Add **un** or **une** to indicate the gender of the following. (You may find that there are one or two exceptions included in this list.)

(a)	coffre-fort (*a safe*) ....
(b)	peau-rouge (*a Red Indian*) ....
(c)	rouge-gorge (*a robin*) ....
(d)	chou-fleur (*a cauliflower*) ....
(e)	emprunt-logement (*a mortgage*) ....
(f)	timbre-poste (*a postage stamp*) ....
(g)	pause-café (*a coffee break*) ....
(h)	main-d'œuvre (*a workforce*) ....
(i)	tête-à-tête (*a private conversation*) ....
(j)	gratte-ciel (*a skyscraper*) ....
(k)	porte-monnaie (*a purse*) ....
(l)	garde-robe (*a wardrobe*) ....
(m)	pare-chocs (*a car bumper*) ....
(n)	va-et-vient (*a to-ing and fro-ing*) ....
(o)	rendez-vous (*an appointment*) ....

20 Same form, different gender, different meaning [64]

Give the meaning of the following words in English, first with masculine gender, then feminine:

(a) critique	(d) livre	(g) manche	(j) mode
(b) mort	(e) physique	(h) poste	(k) rose
(c) somme	(f) tour	(i) vase	(l) voile

(a) ....   (g) ....

(b) ....   (h) ....

(c) ....   (i) ....

(d) ....   (j) ....

(e) ....   (k) ....

(f) ....   (l) ....

21 Review

Fill the gaps in the following text with *le / la, un / une, du / de la* as appropriate and indicate (**m** or **f**) the gender of all the other nouns underlined:

Situé à l'ouest[1] de l'Angleterre[2], ...[(i)] Pays de Galles constitue ....[(ii)] réalité bien distincte au sein[3] ....[(iii)] Royaume-Uni : ....[(iv)] langue d' ....[(v)] fraction importante de ....[(vi)] population est d'origine[4] celtique : ....[(vii)] mentalité de ses habitants[5], façonnée par ....[(viii)] rudesse ....[(ix)] climat et par l'histoire[6], renforce ....[(x)] particularisme ....[(xi)] pays.

Terre[7] de contrastes[8], ce pays offre au visiteur[9] des paysages[10] très pittoresques : vallées[11], forêts[12], montagnes[13], parcs[14] nationaux des Brecon Beacons, de ....[(xii)] côte ....[(xiii)] Pembrokeshire et de Snowdonia. ....[(xiv)] montagne a contribué à maintenir ....[(xv)] tradition et ....[(xvi)] culture populaire, mais en même temps elle a favorisé ....[(xvii)] division et retardé l'unification[15] ....[(xviii)] pays. ....[(xix)] autre facteur a contribué à faire du pays ce qu'il est : ....[(xx)] pauvreté ....[(xxi)] sol. Mais dans ....[(xxii)] sud du pays, l'exploitation[16] ....[(xxiii)] charbon a permis, dès ....[(xxiv)] dix-neuvième siècle, de diversifier les activités[17] économiques ....[(xxv)] région. Aujourd'hui c'est ....[(xxvi)] tourisme qui prend ....[(xxvii)] relais de l'industrie[18] ....[(xxviii)] charbon et ....[(xxix)] sidérurgie sur ....[(xxx)] déclin.

(Adapted from H. Abelin, *Histoire du Pays de Galles*, ed. J.-P.Gissoot, 1991)

Nouns and Adjectives: Feminine and Plural

22 The feminine of adjectives and the plurals of nouns + adjectives [75–126]

(1) Complete the following tables:

(i)

Masculine singular	Feminine singular	Masculine plural	Feminine plural
Example bon	bonne	bons	bonnes
(a)		blancs	
(b)			grises
(c) public			
(d) doux			
(e)		longs	
(f) gentil			
(g)	professionnelle		
(h) social			
(i)			sottes
(j)	créative		
(k)		vieux	

(l) flatteur			
(m)			nouvelles
(n) créateur			
(o) européen			
(p)	fière		

(ii)

Singular	Plural
(a) ma sœur	
(b) ma grand-mère	
(c) une entrecôte	
(d) une jolie robe noire	
(e) le jardin public	
(f) une demi-heure	
(g) la mini-jupe	
(h) un ouvre-boîte	
(i) un timbre-poste	
(j) un porte-monnaie	
(k)	quels amis?
(l)	ce sont de jeunes voyous
(m) il a acheté un chapeau et un chandail	
(n) c'est un incident banal	
(o)	ces événements se passent loin des champs de bataille

(2) In the following sentences change male to female and vice versa and change adjectival form appropriately (e.g. *mon neveu est anglais* → *ma nièce est anglaise*).

(a) Mon frère est toujours souriant, sympathique et bavard.
(b) Dans sa jeunesse, ma mère a été très sportive.
(c) Il a toujours été très généreux, mais très agressif aussi.

(d) Ce film a été réalisé par un jeune cinéaste canadien.

(e) Capitaine de son équipe, il est aussi le champion du monde des 5 000 mètres hommes.

(f) Cette actrice joue le rôle d'une jeune fille égarée, têtue.

(a) ....

(b) ....

(c) ....

(d) ....

(e) ....

....

(f) ....

(3) Change singular to plural and vice versa:

(a) Cette entreprise n'est pas très rentable.

(b) Mes copines sont toujours gentilles avec moi.

(c) Le conseil municipal compte 69 membres.

(d) Il nous faut un vrai débat politique.

(e) Ses rivaux politiques lui reprochent d'avoir publié son journal privé et d'avoir financé un festival de télévision.

(f) Mon frère a acheté une nouvelle Mazda.

(a) ....

(b) ....

(c) ....

(d) ....

(e) ....

....

(f) ....

23 Agreement of adjectives [127–38]

(1) Add the adjectives below in the most appropriate places. (Each adjective may only be used once and the form of the adjective may not be changed.)

Ce guide vous propose une sélection d'hôtels et restaurants cités par ordre de préférence dans (i) .... catégorie. (ii) .... établissements se distinguent par les symboles (iii) .... Le séjour dans (iv) .... hôtels se révèle particulièrement agréable ou (v) .... Plusieurs méritent d'être signalés à (vi) .... attention pour la qualité de (vii) .... table. Nous indiquons, pour ces établissements, trois spécialités (viii) .... et des vins (ix) .... Vous souhaitez parfois trouver des tables plus (x) ...., à prix (xi) ....; c'est pourquoi nous avons sélectionné des restaurants proposant, pour un rapport qualité-prix très (xii) ...., un repas soigné, souvent de type (xiii) ....

votre	favorable	simples
leur	régional	culinaires
ces	reposant	rouges
certains		locaux
chaque		modérés

(2) Complete the following sentences by adding the appropriate form of the adjective given in brackets:

(a)   – Vous êtes britannique, Madame?
      – Non, je suis (GALLOIS).
(b)   Il est d'origine (AUSTRALIEN).
(c)   Anglais, Gallois, Écossais, on est aussi (BRITANNIQUE).
(d)   Ma femme et moi sommes très (INTELLIGENT).
(e)   Les Présidents (FRANÇAIS ET AMÉRICAIN) se sont parlé hier.
(f)   Il mange tous les jours une pomme ou une banane (MÛR).
(g)   J'adore les poires et les raisins (ITALIEN).
(h)   Au cours des (DIX-HUITIÈME et DIX-NEUVIÈME) siècles la France est restée une grande puissance mondiale.
(i)   Cette robe a été très (CHER) en 1976.
(j)   C'est une robe (NOIR et BLANC)?
(k)   Ma femme possède au moins (30) jupes et (200) paires de chaussures.
(l)   Mm, cette viande sent (BON).
(m)   Est-ce que cette voiture a coûté (CHER)?
(n)   Cette étudiante a fait quelque chose de très (BRILLANT).
(o)   Essayez de gagner le plus grand nombre de points (POSSIBLE).
(p)   Tous mes parents, (Y COMPRIS) mes tantes, sont venus me voir.
(q)   Ma cousine et mon cousin, qui sont tous les deux très (BEAU), portent toujours les vêtements (BLANC) qui vont très bien avec (LEUR) yeux (BLEU CLAIR).
(r)   On ne peut jamais se fier à ces (SOI-DISANT) experts.

(a) .... (k) ....

(b) .... (l) ....

(c) .... (m) ....

(d) .... (n) ....

(e) .... (o) ....

(f) .... (p) ....

(g) .... (q) ....

(h) ....

(i) .... (r) ....

(j) ....

24 Position of adjectives [139–54]

(1) Add to the following text the adjectives given in the places appropriate to the sense. (Each adjective may only be used once and its form may not be changed.)

La mort (i) .... en 1962 de Marilyn Monroe l'a fait entrer dans la légende. Mais de son vivant elle était déjà un mythe. En (ii) .... années, celle qui avait commencé sa carrière en posant (iii) .... pour des calendriers (iv) .... était devenue une vedette du (v) .... écran. Pour ses contemporains elle était le pendant (vi) .... de James Dean, avec qui elle partageait les angoisses et les doutes. Car, professionnelle-ment comblée, Marilyn subissait revers sur revers dans sa (vii) .... vie (viii) .... Mariée avec le dramaturge (ix) .... Arthur Miller, elle s'en sépara dans des conditions (x) ....

(Adapted from an article in *Événement du jeudi*, 8–13 August, 1997)

américain	grand	orageuses	publicitaires	tragique
féminin	nue	privée	quelques	tumultueuse

(2) Add the adjectives in the place in the sentences which seems to be most appropriate to the sense:

(a) (**intelligents**)
Tous les Français approuvent l'action du Président de la République.

(b) (**pragmatique, français, communiste**)
Le Parti a accepté la décision du Président des États-Unis.

(c) (**de gauche, politique**)

Le Président Mitterrand était un homme.

(d) (**ancienne**)

L'église sert maintenant de résidence universitaire.

(e) (**vague**)

Il se sentait saisi d'un désir de fuite.

(f) (**vieux, fort romantique**)

Le clair de lune donne souvent aux châteaux un air triste.

(g) (**animales, végétales**)

La biologie, c'est l'étude des espèces.

(h) (**premiers, cinq**)

Les coureurs sont partis.

(i) (**jaune, propre, vaste, aux murs effrayants**)

Lorsqu'il regardait le château, sa petite maison revint à l'esprit.

(j) (**forte, vieille**)

(**rouges, fatigués**)

Elle sentit une odeur de sueur qui lui brûla les narines : elle eut envie de tousser, mais un sentiment de culpabilité au souvenir des yeux des enfants l'en empêcha.

(a) ....

(b) ....

(c) ....

(d) ....

(e) ....

(f) ....

(g) ....

(h) ....

(i) ....

....

(j) ....

....

(3) When do the following adjectives have the meaning given below – when they come **before** or **after** the noun?

Give the correct answer, then write the sentence with the adjective in its correct place (and in its correct form).

(a) **ancien** = *former*
Elle ne voit jamais son mari.

....

(b) **nouveau** = *newly made*
Le beaujolais est arrivé.

....

(c) **simple** = *mere*
C'est une formalité.

....

(d) **méchant** = *malicious*
Je connais très bien votre tante Léonie : elle est une vieille femme.

....

(e) **très cher** = *expensive*
Depuis qu'ils ont gagné la loterie nationale, ils ne fréquentent que les grandes
stations de sports d'hiver.

....

....

(4) Add the adjectives (in the correct form) in the correct position to suit the sense:
(a) Les syndicats ouvriers ont toujours lutté contre la vie. (**cher**)
(b) Deux ressortissants africains sont morts cette nuit à Paris. (**nouveau**)
(c) L'été, il y a toujours les films à la télé. (**même**)
(d) Faire du neuf avec du vieux, c'est une méthode qui fait encore recette. (**ancien**)
(e) Son film sera une comédie. (**prochain**)

(a) ....

(b) ....

(c) ....

(d) ....

(e) ....

Adjectives and Adverbs

25 Adverbial forms [604–13]

(1) Give the adverbs that correspond to the following adjectives (**given in masculine or feminine form**):

(a) difficile   ....
(b) claire   ....
(c) vif   ....
(d) doux   ....
(e) réel   ....
(f) énorme   ....
(g) précis   ....
(h) profonde   ....
(i) vrai   ....
(j) absolu   ....
(k) présent   ....
(l) fréquente   ....
(m) évident   ....
(n) constant   ....
(o) courante   ....
(p) bref   ....
(q) passionné   ....
(r) modérée   ....
(s) gai   ....
(t) gentil   ....

(2) Complete the sentence, following the example:
E.g. Un homme politique doit être honnête. Il doit agir honnêtement.

(a) Un professeur doit être patient. Il doit travailler ....
(b) Un chauffeur de taxi devrait être poli. Il devrait traiter ses clients ....
(c) Cette femme est une chanteuse merveilleuse. Elle chante ....
(d) Cet événement est très inopportun: il est arrivé très ....
(e) Cette étudiante est très assidue. Elle travaille très ....

(3) Change the adverb into an adverbial phrase, where this is possible:

E.g. j'ai agi **discrètement**   → $\left\{\begin{array}{l}\ldots \text{ avec discrétion} \\ \ldots \text{ d'une manière discrète}\end{array}\right.$

(a) Il faut lui parler **franchement**.
(b) Les jeunes filles travaillent toujours **sérieusement**.
(c) J'attends votre arrivée **très impatiemment**.
(d) Ma mère a parlé **gentiment** à mon père.
(e) Les élèves traitent leurs professeurs **très respectueusement**.
(f) Lorsque mon professeur a corrigé mon devoir, il a été **agréablement** étonné.

(a) ....

(b) ....

(c) ....

(d) ....

(e) ....

(f) ....

(4) Give the opposites of the following adverbs:

(a) fréquemment   ....
(b) lentement   ....
(c) profondément   ....
(d) légèrement   ....
(e) bien   ....
(f) heureusement   ....

26 The comparative and superlative of adjectives and adverbs [155–74]

(1) Complete the following sentences using the appropriate expression from the following list:

aussi
autant (de)

(a) Les Britanniques sont .... travailleurs que les Allemands.
(b) Dans certains pays la limonade coûte .... cher que la bière.
(c) Dans l'enseignement les femmes gagnent .... que les hommes.
(d) Les Français ont gagné .... médailles d'or que les Italiens.
(e) Les Français ont .... animaux domestiques que les Anglais.
(f) Cette année les étudiants devront passer .... examens que l'année dernière, et ces examens seront sans doute .... difficiles que ceux de l'année dernière.

(2) Make the following affirmative statements negative and vice versa:

(a) Marie-France est aussi travailleuse que sa sœur.
(b) Ma voiture roule aussi rapidement que la tienne.
(c) Aujourd'hui il fait aussi chaud à Londres qu'à Bordeaux.
(d) L'Inde n'est pas si pauvre que vous le pensez.
(e) Cette année il y a autant de touristes américains qu'il y a dix ans.

(a) ....

(b) ....

(c) ....

(d) ....

(e) ....

(3) Complete the sentences by adding the appropriate expression from the following list:

plus	le plus	les plus	la moins
moins	la plus	le moins	les moins

(a) Une Lada est .... puissante qu'une Porsche.
(b) L'avion va .... vite que le bateau.
(c) Les tripes à la mode de Caen sont un des plats .... connus de la Normandie.
(d) Une Lada coûte .... cher qu'une Jaguar.
(e) Le quotidien français .... important, c'est *Le Monde*.
(f) Le Portugal est un pays bien .... riche que la France.
(g) Pele a été le joueur de football .... talentueux de tous.
(h) La châine de télévision française .... prestigieuse est F3.
(i) Pluton, ... petite des planètes du système solaire, est 3 milliards de fois .... brillant que Mars.
(j) Parmi ces régions de la France, laquelle est .... sismique?

(4) Give the superlative form(s) of the following adjectives and adverbs:

(a) célèbre   (e) rapidement   (i) peu profonds
(b) gentiment   (f) bien   (j) mauvais
(c) bonne   (g) mal   (k) souvent
(d) peu   (h) bien connue   (l) bon marché

(a) ....   (c) ....

(b) ....   (d) ....

(e) .... (h) ....

(f) .... (i) ....

(g) .... (j) ....

(5) On the basis of the information given, complete the sentence using an appropriate comparative or superlative. (There may be more than one possibility in some cases.)

(a) La fille d'Anne a 15 ans. ⎱
     Celle de Jeanne a 6 ans. ⎰ La fille de Jeanne ....

(b) Le train coûte 500 FF aller et retour. ⎱
     L'avion coûte 2 000 FF. ⎰ Le train coûte ....

(c) André a eu 12 sur 20 pour son devoir. ⎱
     Julien a eu 17. ⎰ Julien a reçu une ....

(d) La maison de Robert a 5 étages et 16 pièces. ⎱
     La maison d'Alain n'a que 2 étages et ⎬ La maison d'Alain est .....
     5 pièces. ⎰

(e) Anne est fort belle, mais Marie-Laure ⎱
     est plus belle qu'Anne, et Sylvie est ⎬ De ces trois jeunes filles, c'est
     encore plus belle que Marie-Laure. ⎰ Sylvie qui est ....

(f) Richard touche un salaire de 10 000 FF ⎱
     par mois. Philippe reçoit 20 000 FF et le ⎬ C'est Jean qui est ....
     salaire de Jean est de 100 000 FF. ⎰

(g) On mange bien à Paris. ⎱
     On mange mal en Corse. ⎰ C'est à Paris que l'on ....

(h) La Renault 16 est fort spacieuse. ⎱
     La Fiat 126 n'est pas spacieuse. ⎰ La Fiat 126 ....

(i) La France compte près de 56 millions ⎱
     d'habitants. ⎮
     La Chine compte plus de 650 millions ⎬ C'est la Chine qui ....
     d'habitants. ⎮
     Le Pays de Galles a moins de 3 millions ⎮
     d'habitants. ⎰

(j) Michel est très fort. ⎱
     Yves et Daniel ne sont pas forts du tout. ⎰ Michel est ....

(6) Insert **plus que** or **plus de** or **le plus de** as appropriate:

(a) Si vous travaillez .... 39 heures par semaine, les heures supplémentaires sont payées plus cher.

(b) Il est resté .... deux ans dans la même entreprise.

(c) Vous allez gagner .... moi.

(d) Ce tableau vaut .... celui-là.

(e) Ce CD-Rom comprend .... 500 écrans, ... 200 pages de
texte et .... 30 minutes d'animation.

(f) Quelle nation emploiera .... robots industriels en l'an 2010?

(g) La Grande-Bretagne est le pays où on a recensé .... vaches folles.

(7) Write sentences using comparative expressions to convey the information
contained in the charts below:

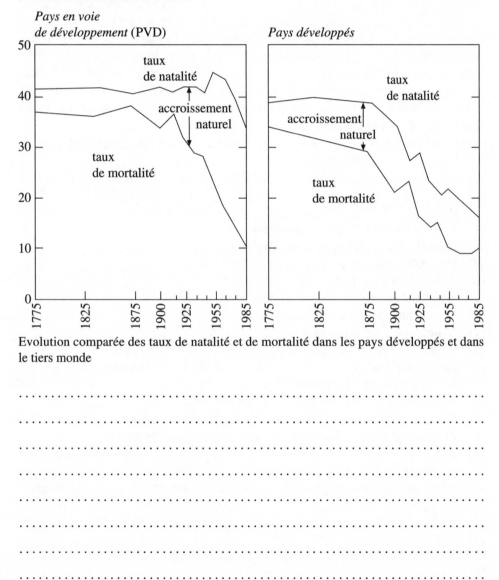

Evolution comparée des taux de natalité et de mortalité dans les pays développés et dans
le tiers monde

....

....

....

....

....

....

....

....

(8) Complete the text below using each of the following expressions once only:

plus de	**le plus grand**	**aussi**	**les plus savoureux**
plus grands	**plus que**	**la plus formidable**	**les moindres**

L'un des (i) .... plaisirs du touriste moyen – à savoir se dépêcher de rentrer dans son propre pays (ii) .... rapidement possible pour raconter (iii) .... détails de son voyage – s'accommode mal des voyages au long cours. Or, les théoriciens du voyage dans l'espace pensent d'abord à satisfaire (iv) .... nombre: une étude sur le tourisme spatial réalisée en 1995 a visé (v) .... 2 millions de touristes avant l'an 2020. Pour attirer les clients, on a souligné les deux ingrédients (vi) .... de cette future industrie: l'apesanteur et la planète Terre. Les déclarations extasiées des astronautes évoquant (vii) .... expérience de leur vie ont tout fait pour éveiller ce désir. Et pourtant les grandes agences de voyage restent (viii) .... sceptiques.

(Adapted from an article in *Science et vie*)

(9) Translate into French:

(a) I am as handsome and intelligent as you.
(b) Dentists use as much gold as jewellers.
(c) He seems older than he is.
(d) TF1 does not have as many viewers as F3.
(e) Which of your students writes best?
(f) It's the best of the European cars.
(g) It's the most beautiful building in the world.
(h) Edith Piaf was the most famous French singer of her day.
(i) *Le Canard Enchaîné* is the best known of the French satirical weeklies.
(j) He is less hardworking than I am.
(k) They have more money than their parents had.
(l) The less money I have, the fewer friends I have and the less they love me.
(m) The further you go, the more interesting your journey will be.
(n) She was a most unpleasant person. In fact, she was probably the most unpleasant person I have ever known.
(o) It was one of the least glorious episodes in the history of the French empire.

(a) ....

(b) ....

(c) ....

(d) ....

(e) ....

(f) ....

(g) ....

(h) ....

(i) ....

(j) ....

(k) ....

(l) ....

(m) ....

(n) ....

....

(o) ....

Number

27 Numerals, fractions, decimals [178–92]

(1) Complete the following sentence with **either** *nombre* **or** *numéro* **or** *chiffre*:

(a) 300 est un .... à trois ....

(b) 3,5 est un .... décimal.

(c) J'oublie toujours mon .... de téléphone.

(d) Quel est le .... de joueurs dans une équipe de rugby?

(e) Ma copine habite toujours chez ses parents au .... 92, rue Jean-Jacques Rousseau.

(f) Quel est le .... gagnant de la loterie nationale cette semaine?

(g) Lundi prochain le gouvernement va rendre publics les ....-clé de l'économie.

(h) Cette année le .... de naissances a diminué.

(2) Speak aloud or, substituting words for figures, write out:

(i) the following film titles:

(a) 3 hommes et un couffin
(b) Cléo de 5 à 7
(c) Les 12 travaux d'Astérix
(d) Les 39 marches
(e) Le Dossier 51
(f) La Prise de pouvoir de Louis XIV
(g) Les 400 coups
(h) Jonas qui aura 25 ans en l'an 2000
(i) Paris 1900
(j) Les 1001 nuits

(a) .... (f) ....

(b) .... (g) ....

(c) .... (h) ....

(d) .... (i) ....

(e) .... (j) ....

(ii) the following prices:

(a) 120 FF
(b) 302 FF
(c) 1 600 FF
(d) 3 000 000 FF
(e) 14 000 000 000 FF
(f) 485 FF
(g) 790 FF
(h) 1 250 FF
(i) 1 350 000 FF
(j) 3 800 000 FF
(k) 25 800 200 150 FF

(a) ....   (g) ....

(b) ....   (h) ....

(c) ....   (i) ....

(d) ....   (j) ....

(e) ....   (k) ....

(f) ....

(iii) the following TV listings:

(a) 13.30 Rugby. Nouvelle-Zélande/Afrique du Sud.
(b) 16.30 La Reine mère d'Angleterre. Documentaire.
(c) 17.30 French & Saunders. Série britannique.
(d) 18.00 Extra Time. Téléfilm américain.
(e) 20.00 Journal télévisé.

(a) ....

(b) ....

(c) ....

(d) ....

(e) ....

(iv) the following list of the 5 richest people in the world in 1997–8 (**in billions of dollars**):

(a) Sultan Hassanal Bolkiah, Brunei (pétrole etc.) – 38
(b) Bill Gates, États-Unis (Microsoft) – 36,4
(c) Famille Walton, États-Unis (Grande-Distribution) – 27,6
(d) Warren E. Buffet, États-Unis (Bourse) – 23,2
(e) Roi Fahd ibn Abdulaziz, Arabie Saoudite (pétrole etc.) – 20

(a) ....

(b) ....

(c) ....

(d) ....

(e) ....

(v) the following list of record sales:

(a) Les Monkees 'I'm a believer': 10 millions.
(b) Village People a vendu 50 000 000 d'albums et 100 000 000 de singles.
(c) G Squad: 150 000 albums.
(d) Les Spice Girls ont déjà vendu 800 000 albums en France.
(e) Worlds Apart: 1,2 million de singles.

(a) ....

(b) ....

(c) ....

(d) ....

(e) ....

(vi) the following telephone numbers:

(a) Mon numéro de téléphone, c'est le 16.61.80.13
(b) Le numéro de mon école, c'est le 41.90.72.77
(c) Le numéro de l'aéroport régional, c'est le 02.35.11.23
(d) Le numéro de mon patron, c'est le 12.20.32.68
(e) Le numéro de mon meilleur ami français, c'est le 01.15.24.50.71

(a) ....

(b) ....

(c) ....

(d) ....

(e) ....

(vii) the following fractions and decimals:

(a) 1/3   (e) 65/100   (i) 2.25
(b) 3/4   (f) 72/90   (j) 3.75
(c) 1/8   (g) 1.5   (k) 5.125
(d) 5/6   (h) 7.8   (l) .5

(a) ....

(b) ....

(c) ....

(d) ....

(e) ....

(f) ....

(g) ....

(h) ....

(i) ....

(j) ....

(k) ....

(l) ....

(3) Speak aloud or write as words:

(i) the following decimals as fractions, and vice versa:

(a) .5	(f) $2^{1}/_{4}$
(b) .75	(g) $3^{1}/_{2}$
(c) .9	(h) $10^{2}/_{5}$
(d) .125	(i) $7^{3}/_{8}$
(e) .625	(j) $1^{3}/_{10}$

(a) ....   (f) ....

(b) ....   (g) ....

(c) ....   (h) ....

(d) ....   (i) ....

(e) ....   (j) ....

(ii) the following sums:

(a) 17 + 8 = 25
(b) 121 − 9 = 112
(c) 200 × 5 = 1 000
(d) 2 000 ÷ 4 = 500
(e) 900 ÷ 3 = ?

(a) ....

(b) ....

(c) ....

(d) ....

(e) ....

(4) Complete the following sentences, writing numbers as words:

(a) Dans le mois de décembre, il y a .... jours.
(b) Dans un jeu de cartes, il y a .... cartes.
(c) Le jour de Noël, c'est le .... décembre.
(d) 75 multiplié par 2, ça fait ....
(e) Mille divisé par cinq, ça fait ....
(f) Cent plus dix égale ....
(g) 200 et 160 font ....
(h) Un million plus trois cents est égal à ....
(i) Un million moins trois cents mille égale ....
(j) 1 000 000 multiplié par 1 000 égale ....

(5) (i) Write out the numbers as words in the following table:

Classement mondial des top 5 des Français les plus riches.

(a) Liliane Bettencourt (L'Oréal)   25^e
(b) Gérard Mulliez (Auchan)   32^e
(c) Familles Seydoux-Schlomberger   50^e
(d) François Pinault (Fnac-Printemps-Redoute)   86^e
(e) Bernard Arnault (LVMH)   101^e

(a) ....   (d) ....

(b) ....   (e) ....

(c) ....

(ii) Rewrite the numbers as words (or speak aloud):

(a) Marie-Laure, c'est sa 3e enfant.
(b) Le Ritz est dans le 1er arrondissement de Paris. – Et la cité universitaire? –
    C'est dans le 14e.
(c) Cette tour a 50 étages, et mon bureau à moi, c'est au 21e.
(d) La solution se trouve à la 230e page du livre.

(a) ....   (c) ....

(b) ....   (d) ....

(6) (i) Which numbers would fit into sentence 1 and which into sentence 2?

1 Cette ville a .... habitants.
2 Cette ville a .... d'habitants.

   18 000 / 48 000 / 1 000 000 / 60 500 / 200 000 / plusieurs centaines /

1 ....

2 ....

(ii) Which numbers would fit into sentence 3 and which into sentence 4?

3 Ce pays a .... habitants.
4 Ce pays a .... d'habitants.

   vingt mille / douze millions / plus de 60 millions / plusieurs milliers / cinquante
   millions cinq cents mille / trois millions cent mille cinq cents /

3 ....

4 ....

(7) Translate into English:

(a) Notre prochaine réunion, ça sera dans quinze jours.
(b) Je la connais depuis une vingtaine d'années.
(c) Mon grand-père a dépassé la soixantaine.
(d) J'ai déjà fait une centaine de demandes d'emploi.
(e) Il y avait des milliers et des milliers de candidats.

(a) ....

(b) ....

(c) ....

(d) ....

(e) ....

(8) Translate into French:

(a) My birthday's the 1ˢᵗ of September, and yours? – July the 11ᵗʰ.
(b) The average price of a good meal is less than 200 FF in France.
(c) France exports goods worth billions of dollars every year.
(d) You'll find the article on page 97 in the 20ᵗʰ number of the magazine.
(e) Elizabeth the Second is the Queen of England.
(f) A, B, C are the first three letters of the alphabet and W, X, Y, Z are the last four.
(g) More than half the population of France, that is, about 30 million people, earn under 5 000 FF a month.
(h) What's your passport number?
(i) It's the 1ˢᵗ today, isn't it? – No, it's the second.
(j) Henry the Eighth is the best known of the English kings.
(k) You are our millionth customer.
(l) Only two out of ten French people are rich.

(a) ....

(b) ....

(c) ....

(d) ....

(e) ....

(f) ....
....

(g) ....
....

(h) ....

(i) ....

(j) ....

(k) ....

(l) ....

Pronouns and Pronominal Determiners

PERSONAL PRONOUNS

28 Introduction [193–7]

(1) Combine an element from column **A** with one from column **B** to make a meaningful sentence.

E.g.   Ce travail, il le trouva agréable. (a/7)

A	**B**
(a) Ce travail,	(1) a stupéfiés.
(b) Cette nouvelle nous	(2) ils étaient avares de confidences.
(c) Claire est arrivée en hâte,	(3) d'être très attentifs.
(d) Quant à ce roman,	(4) elle est basée sur des documents sûrs.
(e) On la jugeait	(5) ils se montrent incrédules quant à l'efficacité de ces mesures.
(f) Son opinion est respectée,	(6) elle distribue à Noël des colis de friandises.
(g) Les syndicats sont méfiants,	(7) il le trouva agréable.
(h) Il leur pria	(8) il est bien construit, mais il reste superficiel.
(i) La municipalité fait un effort en faveur des personnes âgées,	(9) on l'avait chargée d'un message.
(j) Nos voisins nous guettaient;	(10) courageuse.
(k) Les médias ne présentent pas la réalité,	(11) mais ils la représentent.

29 Conjunctive personal pronouns [198–202]

(1) Replace the underlined phrase in each sentence with a single pronoun.

E.g.   J'ai voulu parler à ma mère.
       J'ai voulu lui parler.

(a) J'ai dit <u>à mon collègue</u> que j'étais content de son travail.
(b) Je présente <u>à Gilbert et à toi</u> mes parents et mes frères.
(c) Elle a invité <u>mon ami et moi</u> à sa fête.
(d) Demande <u>aux autorités</u> de faire quelque chose.
(e) On a transmis le message <u>aux participants</u>.
(f) Écris tout de suite <u>à ta sœur</u>.

(a) ....

(b) ....

(c) ....

(d) ....

(e) ....

(f) ....

(2) Take an element from each column to make a complete sentence:
E.g.   Il aimait cette ville, il y était né. (a/6)

(a) Il aimait cette ville,

(b) Pourquoi lui a-t-on décerné le prix?
(c) Ils ne voulaient pas nous montrer
    la maison
(d) Tu les as mis dans le tiroir
(e) Si tu le regardes de près
(f) J'écris souvent à mes amis
(g) Nous sommes allés à Londres
(h) C'est un conseil qui pourrait être utile
(i) Vous étiez absents hier –
(j) Un adolescent pris en infraction est
    susceptible de se retrouver au poste
    de police

(1) jusqu'à ce que ses parents
     viennent l'y chercher.
(2) et nous y sommes restés.
(3) mais ils l'ont montrée à
     Michel.
(4) tu le comprendras mieux.
(5) alors réfléchissez-y.
(6) il y était né.
(7) il ne le mérite pas.
(8) ils y sont toujours.
(9) et je pense souvent à eux.
(10) expliquez-moi pourquoi.

(a) .... (c) .... (e) .... (g) .... (i) ....

(b) .... (d) .... (f) .... (h) .... (j) ....

(3) Translate:
E.g.   Have you any bread? – Yes, I've bought some.
       Avez-vous du pain? – Oui, j'en ai acheté.

(a) Is there any red wine? Yes, we still have some.

    ....

(b) This is a delicate business; the success of it is doubtful.

    ....

(c) He is not happy, I know.

....

(d) I have already spoken to you about it.

....

(e) I saw Jean; we spoke about him recently.

....

30 The position of conjunctive personal pronouns [203–14]

(1) Select an appropriate personal pronoun to replace each noun in the following sentences, taking account of the correct order of pronouns, and agreement of the past participle, where necessary.

E.g.   Josette a envoyé les photos à ses parents.
       Elle les leur a envoyées.

(a) Patrice a vu Michèle hier à la bibliothèque.
(b) Madeleine a demandé à Patrice s'il a vu Michèle.
(c) Le voisin a apporté des roses à sa femme pour fêter son anniversaire.
(d) Jean ne se souvient pas du message.
(e) Yves va demander de l'argent à son père.
(f) Madeleine a envie d'offrir un cadeau à ses amis.
(g) Patrice n'a pas parlé à Michèle de l'anniversaire de ses parents.
(h) Le père de Patrice fera un effort pour les enfants.
(i) Ce n'est pas Antoine qui s'est trompé, c'est Christine.
(j) Donnez-moi les cadeaux; dites-nous l'adresse des amis.
(k) Réfléchissez à mes conseils.
(l) Rien n'autorise ces personnes à le croire.
(m) Donnez-moi de votre meilleur vin.
(n) Envoyez-moi la lettre.

(a) ....

(b) ....

(c) ....

(d) ....

(e) ....

(f) ....

(g) ....

(h) ....

(i) ....

(j) ....

(k) ....

(l) ....

(m) ....

(n) ....

(2) Rewrite in the negative.

E.g. Apportez-les-lui!

    Ne les lui apportez pas!

(a) Je le lui ai dit. ....

(b) Donnez-la-moi demain. ....

(c) Nous nous y sommes assis. ....

(d) Demande-le-nous. ....

(e) Reposons-nous ici. ....

(3) Rewrite the following, choosing an appropriate noun to replace each pronoun.

E.g. Il la lui a donnée.

    Il a donné la bague à Lucette.

(a) Elle nous les a envoyés. ....

(b) Elle le lui a pris rapidement. ....

(c) Donnez-le-leur. ....

(d) Apporte-la-moi. ....

(e) Ne l'avait-il pas prise? ....

(4) Translate:

E.g. He loves and understands her.

    Il l'aime et la comprend.

(a) You can save me.

....

(b) He wanted to speak to her.

....

(c) I am going to return it to him.

....

(d) What about the woodwork? – We are going to repaint it.

....

(e) They expect to send it to us next week.

....

(f) Farmers were earning money, but they were not speaking about it.

....

(5) Replace the italicized words by pronouns.

E.g.   La banque a avancé (i) *cet argent* (ii) *à mon frère.*
La banque le lui a avancé.

(a) Elle a fait construire (i) *la maison* mais elle ne permet pas (ii) *à son beau-fils* de voir (iii) *sa maison.*

....

(b) Puisque Pierre a offert (i) *ce cadeau* (ii) *à son amie,* elle devrait parler (iii) *à Pierre* (iv) *du cadeau.*

....

(c) Une exposition est consacrée (i) *à cet artiste* (ii) *à Beaubourg.*

....

(d) Je pourrais envoyer (i) *le billet* (ii) *à M. et Mme de Montvalon.*

....

(e) Donnez (i) *le vin* (ii) *à votre père* et ne parlez plus (iii) *du vin.*

....

(6) Use an appropriate pronoun to fill in the blanks in the following conversations.

E.g.   – Ces facilités, vous les offrez à tous vos clients?
– Nous .... offrons sur demande.
Nous les leur offrons sur demande.

(i)   – Voici mon dépliant. Pourriez-vous .... indiquer l'hôtel, s'il .... plaît?
– Mais justement, je .... vais. Suivez-.............. .

(ii)   – Je ne suis pas le seul à entrer dans la chambre forte; il .... a aussi mon collègue.
– Mais il est toujours accompagné n'est-ce pas?
– Non, je .... permets de .... entrer seul.

(iii)   – Vous donnez souvent la clé à vos enfants?
– Mais oui, je .... donne presque tous les jours.
– Et ils .... rendent à votre retour?
– D'habitude, oui.
– Je voudrais .... parler. Appelez-.............. !

(iv)   – J'ai décidé de quitter mon pays, et croyez-.............. je ne .... regrette pas.
– La circulation ne .... embête pas trop?
– Si, je .... trouve ennuyeuse, mais il y a tant à faire ici, tant à voir.
– Alors, vous ne comptez pas retourner chez .... ?
– Je ne .... mettrai plus les pieds!

(7) Translate into English:

E.g.   Ce livre qui vient d'être publié n'aurait pas dû l'être.
      This book which has just been published ought not to have been.

(a) Un immeuble a été rasé l'an dernier, en attendant que l'autre le soit à son tour.

....

(b) Elle a demandé pourquoi il souriait et il le lui a dit.

....

(c) Elle n'est pas rentrée la veille, mais elle avait promis de le faire.

....

(d) M'asseoir sur cette chaise? Il est impossible de le faire.

....

(e) Elle était avec Olivier comme je l'avais craint.

....

(f) L'aventure n'est plus associée à la découverte comme elle l'était avant.

....

(g) Il y a des réponses honnêtes et il y en a qui ne le sont pas.

....

(8) Translate into French:

E.g.   I think it best not to go there.
      Je crois préférable de ne pas y aller.

(a) She finds it difficult to work.
(b) He thought it useless to stay.
(c) We believed it necessary to send him the letters.
(d) He deemed it prudent to take their passports.
(e) This idea is largely incorrect, we know.

(a) ....

(b) ....

(c) ....

(d) ....

(e) ....

31 Disjunctive personal pronouns [215–20]

(1) Translate the following, using disjunctive pronouns to emphasize the words in italics.

E.g.   *You* can't come.
       Toi, tu ne peux pas venir.

(a) I want *you* to go there.

....

(b) My friends wanted to wait for the film to start, but *I* wanted to leave.

....

(c) What did *he* want?

....

(d) We respect *them.*

....

(e) *We* respect them.

....

(f) Do you believe *him*?

....

(g) She gave it to *them.*

....

(2) Translate the following sentences into English:
E.g.   Après la réunion, chacun rentra chez lui.
       After the meeting, everyone went home.

(a) Il vous présente à elle.

....

(b) Chacun est amené à ne compter que sur lui-même.

....

(c) Nombre d'entre eux sont si pauvres qu'ils ne peuvent pas payer le prix d'un repas.

....

(d) Je vais travailler sur mon nouveau programme pour renforcer ma confiance en moi.

....

(e) Lui seul connaît la réponse.

....

(f) Voulez-vous vous rendre à eux?

....

(g) 80 millions d'enfants sont contraints de travailler dans le monde. Parmi eux 20 millions sont victimes de mauvais traitements.

....

....

(h) Eux, ils n'avaient pas le droit de rester là.

....

(i) Amateur d'art et peintre lui-même, il se tourna vers la télévision.

....

(j) Il faut éviter que les jeunes soient livrés à eux-mêmes dans la rue jusqu'à l'heure du dîner.

....

....

(3) Insert the relevant pronoun in the gap provided.
E.g.   ...., je voulais partir.
       Moi, je voulais partir.

(a) Les joueurs, interviewés après le match, ont perdu .... aussi tout sens de la mesure.
(b) ...., j'étais en désaccord avec la privatisation.
(c) Pour ...., c'est souvent une succession d'échecs, mais ils n'y renoncent pas.
(d) Si les agriculteurs sont ravis, les consommateurs, ..., sont mécontents.
(e) Le réseau routier relie les grandes villes entre ....
(f) .... qui s'était vu s'imposer tous les hommes de son cabinet est parvenu petit à petit à construire sa propre équipe.
(g) Il faut avoir confiance en ....
(h) Ce sont .... qui sont parties les premières.
(i) Pour répondre à ces questions, Monsieur, il n'y a que ....
(j) C'est .... qui paie les repas, mais je le fais volontiers.
(k) Livrés à ...., sans perspectives d'avenir, certains adolescents se laissent entraîner dans la délinquance.
(l) Il faut être logique avec ....
(m) Ces familles se replient sur ....

(4) Take one element from each section to create a complete sentence. Then translate what you have written.
E.g.   Il joue mieux que toi.
       He plays better than you.

A	B	C
Il joue	as téléphoné	d'aller en France l'an prochain
Mes amis et moi	nous sommes	convaincus par ses arguments
Vous et moi	mieux	à elle
Tu lui	à moi	à eux mais pas à moi
Le prof	avons décidé	que toi
Lui et son frère	nous avons été	passionnés de la philosophie
Il m'a écrit	iront	mais non pas à ma sœur
Nous autres Français	les leur a rendus	au Canada au mois d'août

(a) ....

(b) ....

(c) ....

(d) ....

(e) ....

(f) ....

(g) ....

(h) ....

Translation

(a) ....

(b) ....

(c) ....

(d) ....

(e) ....

(f) ....

(g) ....

(h) ....

(5) Insert an appropriate pronoun in the gap provided.

E.g.   Toi, Maurice, je suis plus grand que ....
       Toi, Maurice, je suis plus grand que toi.

(a) Mon frère est professeur; j'aurais pu faire comme ....

(b) Regardons autour de ...., l'aventure est partout.

(c) Ce pays pauvre replié sur .... dans les années 50 a subi une mutation spectaculaire.

(d) Les femmes se plaignent de migraines. Les hommes se plaignent, ..., d'obésité et d'hypertension artérielle.

(e) Dans une période de chômage, il faut d'abord penser à ....

(f) Les jeunes sont importants parce que c'est .... le public de demain.

(g) C'est .... que l'on doit exprimer.

(6) Explain the use of the underlined pronoun in the following sentences, then translate into English.

E.g.   Il conduisait sa voiture à <u>elle.</u>

He was driving her car. (To stress the possessive, **à** plus the disjunctive pronoun is used.)

(a) C'est mon avenir à <u>moi</u> que l'on est en train de discuter.

....

(b) Le père encourage les enfants à partir, la mère, <u>elle</u>, préfère les garder près d'<u>elle</u>.

....

(c) <u>Lui</u> qui avait tout perdu ne savait plus que faire.

....

(d) Elle est beaucoup plus animée que <u>toi</u>.

....

(e) Elle croit en <u>lui</u> mais elle va être déçue.

....

(f) On va te présenter à <u>lui</u>.

....

(g) La situation s'avère difficile quand on se retrouve seul avec <u>soi-même</u>.

....

(h) Quant à <u>moi</u>, j'étais décidé à les quitter.

....

(i) <u>Lui</u> braver tous ces gens!

....

(j) Qui est-ce qu'il a vu? – <u>Toi</u> et ton mari.

....

(k) Tout ému de la revoir, il courut à <u>elle</u>.

....

(l) C'est un espion, <u>lui</u>. Prends garde à <u>toi</u>!

....

32 Possessive determiners [222–30]

(1) Place the correct form of the possessive determiner before the following nouns:

E.g. .... idée. [**my**]

Mon idée.

(a) .... histoire [**its**]
(b) .... père [**her**]
(c) .... auto [**his**]
(d) .... numéro [**your**]
(e) .... métier [**their**]
(f) .... lieu de naissance [**my**]
(g) .... lunettes [**her**]
(h) .... promenades [**their**]
(i) .... activités [**our**]
(j) .... profession [**his**]

(2) Fill in the blank with the appropriate possessive determiner.

E.g. Voici l'enveloppe : .... adresse est dessus.

Voici l'enveloppe : son adresse est dessus.

(a) L'auteur du crime est jugé responsable de .... actes.
(b) Nous sommes déçus. Ce projet de loi ne répond que partiellement à .... attentes.
(c) «Regagnez .... places!» cria-t-il, furieux.
(d) Cette importante réforme va retirer aux syndicats et au patronat .... pouvoir de décision.
(e) La Grande-Bretagne est en train de vivre un tournant important de .... histoire.
(f) Les entreprises ont dit que .... marge de manœuvre sera nettement plus limitée.
(g) La peinture fut .... passion et .... œuvre fut abondante. [**his**]
(h) Leurs parents ont du mal à leur transmettre des valeurs car ils ont rejeté celles de .... propres parents.
(i) Je cultive .... jardin, rembourse le prêt de .... maison, et trimballe .... enfants en voiture. [**my**]
(j) Tu es un héros: tu traverses des contrées pleines de dangers en essayant d'y trouver .... route sans y laisser .... peau.

(3) Translate the following into French, stressing the possessive determiner.

E.g. **His** mother.

Sa mère à lui.

(a) **Our** house. ....
(b) **Their** car. ....

(c) **My** parents. ....

(d) **Her** father. ....

(e) **Your** decisions (sing.). ....

(4) Translate the following:

(a) Yes, Colonel, everything is ready.

....

(b) Forgive me, Father.

....

(c) Thank you, Minister.

....

(d) Ladies and gentlemen, we would like to thank [use present of *remercier*] the Association for inviting us.

....

....

(e) I have just received your letter, Uncle.

....

(5) Translate the following into English:

(a) Le catharisme est une hérésie propagée dans le sud-ouest de la France; Toulouse, Albi et Carcassonne en étaient les centres.

(b) Cette ville a restauré ses monuments et nettoyé ses façades.

(c) J'aime bien cette veste, mais les manches en sont trop longues.

(d) Le gouvernement, craignant une utilisation excessive de cette loi, voudrait en réduire le champ d'application.

(e) Il a lu le livre, mais il n'en comprend pas la conclusion.

(a) ....

....

(b) ....

(c) ....

(d) ....

....

(e) ....

(6) Use an appropriate word to fill in the gap in the following sentences, and then translate into English.

E.g.   Elle s'est blessé .... genou.

Elle s'est blessé le genou. (She hurt her knee)

(a) Vous avez entre .... mains le deuxième numéro du journal.

....

(b) Le psychothérapeute demande au patient de s'allonger et de dire ce qui lui
passe par .... tête.

....

....

(c) Le commissaire de l'exposition a mis .... main sur des trésors.

....

(d) Il ne se laisse pas marcher sur .... pieds.

....

(e) Après s'être fracturé successivement .... deux jambes à 14 et 15
ans, Toulouse-Lautrec s'arrêta de grandir.

....

....

33 Possessive pronouns [231–3]

(1) Answer the following questions in French, using the prompts in brackets to
help you.
E.g. C'est votre apartement? (**No, hers**)
      Non, ce n'est pas le mien, c'est le sien.

(a) Ce sont vos bagages? (**Yes**)

....

(b) C'est sa place? (**Yes**)

....

(c) Ce sont leurs passeports? (**Yes**)

....

(d) C'est son billet? (**No, ours**)

....

(e) Ce sont leurs papiers? (**No, mine**)

....

(2) Combine an element from each column to make a meaningful sentence; then
translate into English:
E.g.   (a) / (b)

A	B
(a) Ce fut un tumulte désordonné, puis l'inconnu	vise à rendre les nôtres plus efficaces.
(b) Cette vaste réforme de l'Armée	se fraya un passage au milieu des siens.
(c) Ta voiture est en panne? Tu peux	être des vôtres.
(d) Toutes ces idées, tu les as fait	à moi.
(e) Prenez cet autre stylo	tiennes.
(f) Il ne pourra jamais	celui-ci est le mien.
(g) A qui sont ces clés? Elles sont	prendre la mienne.

(a) .... (c) .... (e) .... (g) ....

(b) .... (d) .... (f) ....

(a) ....

(b) ....

(c) ....

(d) ....

(e) ....

(f) ....

(g) ....

34 Demonstrative determiners and pronouns [234–47]

(1) Tick a box to indicate the correct demonstrative determiner:

	CE	CET	CETTE	CES
(a) période			✓	
(b) fraises				
(c) livret				
(d) argent				
(e) héros				
(f) arbres				
(g) école				
(h) plaisanteries				
(i) auto				
(j) enquête				

(2) (i) Translate the following sentences into English:

(a) Ce parti ne cesse de gagner des voix dans l'opinion.

....

(b) De nombreuses équipes de télévision et de la presse écrite assurent une importante couverture médiatique à cet événement exceptionnel.

....

....

(c) Cette carte d'identité porte la photo de son détenteur.

....

(d) Ces films en noir et blanc connurent un grand succès lors de leur sortie.

....

(e) La pratique de ces sports est affaire de spécialistes.

....

(f) Cette solution ne peut être prise qu'en dernier recours.

....

(g) Grâce à leur diffusion par satellite ces chaînes mondiales ont déjà un potentiel de 300 millions de téléspectateurs en dehors des États-Unis.

....

....

(h) Ces accords ont mis fin à la guerre.

....

(i) On célèbre cette année le centenaire de la mort de cet écrivain tellement humain.

....

(j) C'est la première nageuse de cette discipline sanctionnée pour dopage.

....

(k) Cet homme scientifique de pointe brille par ses travaux et ses recherches.

....

(ii) In the above sentences, change the demonstrative determiner and the noun after it, making plural those that are now singular, and changing to singular those that are plural.

E.g.   (a) Ce parti → ces partis

(a) ....   (e) ....   (i) ....

(b) ....   (f) ....   (j) ....

(c) ....   (g) ....   (k) ....

(d) ....   (h) ....

(3) Translate into French:

(a) These people are very tiresome.

....

(b) I would have bought some flowers, but these look quite wilted.

....

(c) Which cheese will you have, this one or that one?

....

(d) Children are difficult to feed nowadays.

....

(e) We have two tickets. This one is yours and that one is mine.

....

(f) Come on, make your mind up. Which dress will you take – this one or that one?

....

(g) At that time, he was living alone.

....

(h) He telephoned the doctor. The latter did not have the time to reply.

....

35 The neuter demonstrative pronouns [239–44]

(1) Choose an appropriate ending from section **B** to complete the sentences in section **A**. Translate into English what you have written.

E.g.   (a) / (h) Is there a cure/remedy for that?

A

(a) Y a-t-il un remède

(b) Donnez-moi un kilo de pommes, s'il vous plaît.

(c) Cet homme politique a prôné une diplomatie imaginative.

(d) Frapper un prof!

(e) Le suicide touche certaines catégories de gens.

(f) De nombreux Français préfèrent aller à la campagne l'été.

(g) Les responsables politiques hésitent à limiter l'usage de la voiture.

(h) Nous l'avons vu la semaine dernière.

(i) On a trouvé une méthode expérimentale pour mesurer les propriétés de solidification de certains alliages métalliques.

(j) «Nous ne sommes pas superstitieux»,

B

(a) «et ça nous a porté chance de ne pas l'être!»

(b) Où ça?

(c) Pour moins que cela on s'était vu exclu.
(d) Pour l'industrie de l'automobile, ce sont là des données cruciales.
(e) Et ce, malgré des moyens budgétaires en diminution.
(f) mais il faudra probablement en arriver à cela dans un avenir pas si lointain.
(g) Voilà, et avec ceci.
(h) à cela?
(i) et ce quel que soit le pays considéré.
(j) parce que «ça coûte moins cher».

(a) ....   (d) ....   (g) ....   (i) ....

(b) ....   (e) ....   (h) ....   (j) ....

(c) ....   (f) ....

Translation

(a) ....

(b) ....

(c) ....

....

(d) ....

(e) ....

(f) ....

(g) ....

....

(h) ....

(i) ....

....

....

(j) ....

36 The simple demonstrative pronoun [245–7]

(1) In the following sentences, replace the word in bold by an appropriate demonstrative pronoun.
E.g.   Il fait passer son intérêt avant **l'intérêt** des autres.
       Il fait passer son intérêt avant celui des autres.

(a) Ce livre permet de mieux comprendre d'autres religions, particulièrement **la religion** dont le nombre de croyants a dépassé **le nombre** des autres confessions – l'Islam.

(b) Le nombre de mots que les Franco-Normands apportèrent en Angleterre, en 1066, est considérablement supérieur **au nombre** que la France emprunte aujourd'hui à l'anglo-américain.

(c) A l'heure du passage de la Quatrième à la Cinquième République, les mentalités et les mœurs n'étaient pas **les mentalités et les mœurs** d'aujourd'hui.

(d) Le malaise de ces jeunes est lié **au malaise** des banlieues et à la situation économique.

(e) La radio-activité n'est pas sans danger sur la «santé» des robots. Progressivement **ces robots** se mettent à mal fonctionner.

(f) L'Amérique des banlieues, c'est **l'Amérique** des classes moyennes.

(g) On ne peut pas dire que les jeunes cherchent à partir. Beaucoup parmi **les jeunes** qui ont un diplôme ou qui ont reçu une bonne formation reviennent plus tard.

(h) La pire misère est **la misère** qui fait mourir les petits enfants.

(i) Notre destin est inséparable **du destin** de la planète.

(a) ....   (b) ....   (c) ....

(d) ....   (e) ....   (f) ....   (g) ....

(h) ....   (i) ....

(2) Fill in the blank with the demonstrative pronoun followed by a preposition or relative pronoun (or both).

E.g.   Parmi ces femmes, ... ont trouvé du travail ont de la chance.
Parmi ces femmes, celles qui ont trouvé du travail ont de la chance.

(a) Pour .... manque de vivacité, mieux vaut éviter de venir à Naples.

(b) Aujourd'hui, une génération, ... gens âgés de 20–30 ans, dispose de moins de revenus pour vivre que ses parents au même âge.

(c) Des arguments très divers s'affrontent : .... l'écologie et .... l'économie.

(d) .... ont trouvé comment produire l'électricité ne savaient pas ce qu'ils cherchaient.

(e) Y a-t-il un plus grand bonheur que .... assouvir ses passions?

(f) Cette association prône la réquisition des logements vides, afin d'y loger .... ne trouvent pas de toit.

(g) Parmi toutes ces femmes, ... il m'avait présenté était .... je connaissais depuis longtemps.

(h) Nombreux sont .... estiment que les mesures annoncées ne suffiront pas.

(i) Je ne me suis jamais reconnu dans .... l'argent est la finalité suprême.

37 *C'est* and *il est* [248–61]

(1) Choose between *c'est*, *il est*, *elle est* etc. to fill in the gaps in the following sentences.

E.g.   La télévision s'est emparée de la politique ou . . . . l'inverse?
       La télévision s'est emparée de la politique ou est-ce l'inverse?

(a) La dépouille d'André Malraux a été portée au Panthéon. . . . . le cinquième écrivain à rejoindre ce monument.

(b) Lutter pour un logement si les gens n'ont pas les moyens de le payer, ... n' . . . . pas convaincant.

(c) Grand amateur d'art et peintre lui-même, ... le premier historien à se tourner vers la télévision.

(d) Si voter n'est pas une obligation, ... par contre un véritable devoir.

(e) Qu'est-ce que le gaullisme? . . . . n' . . . . pas à proprement parler une idéologie.

(f) La Chine a adopté une politique de restriction des naissances. . . . . suffisant?

(g) Prenons ce livre; . . . . un ouvrage au texte superbe, aux informations claires et complètes.

(h) Ce thé est très bon; ça m'étonne car . . . . du thé anglais.

(i) . . . . ingénieur? Oui, ... un bon ingénieur.

(j) . . . . une musique pour empêcher le voisin du dessus de dormir.

(2) (i) [253–7]

Rewrite these sentences, changing *il est* to *c'est* as in the following example:
   Il est impossible d'apprendre à parler une langue étrangère en 48 heures.
   Apprendre à parler une langue étrangère en 48 heures, c'est impossible.

(a) Il est interdit de dépenser plus d'argent qu'on en possède.

(b) Il est difficile de faire des projections à long terme pour ce type de maladie.

(c) Il est impossible de trouver des livres excellents dans cette librairie.

(d) Il est tentant de ranger les idées noires parmi les symptômes classiques de l'adolescence.

(e) Il est certain qu'il y a conflit d'intérêt entre les utilisateurs et les constructeurs.

(a) . . . .

(b) . . . .

(c) . . . .

(d) . . . .

(e) . . . .

(ii) Rewrite the following sentences, changing *c'est* to *il est*.

E.g.   Jouer aux échecs? C'est très intéressant.

   Il est très intéressant de jouer aux échecs.

(a) Jouer du violon? C'est difficile.

(b) Rester ici, c'est dangereux.

(c) Trouver leur maison, c'est impossible à faire.

(d) Nous traverserons la Manche par le tunnel? C'est probable.

(e) Le taux de criminalité va croissant, c'est évident.

(a) ....

(b) ....

(c) ....

(d) ....

(e) ....

(iii) Answer the following questions in French, using the prompts in brackets to help you.

E.g.   Qui l'a fait? [**he**] → C'est lui qui l'a fait.

(a) Le téléscope spatial a été réparé. Qui a effectué les travaux? [**two American astronauts**]

....

(b) Comment arriverons-nous à maîtriser le pessimisme? [**by looking forward and not backward**]

....

(c) Pourquoi a-t-il dû quitter le pays? [**of his own free will**]

....

(d) Qui fixe le taux de remboursement des médicaments? [**the State**]

....

(e) Pourquoi ont-ils fondé ce comité français? [**because other men have asked these questions**]

....

(f) Où les dirigeants socialistes se sont-ils réunis? [**in an old car factory**]

....

(3) (i) [258–61]

Translate the following sentences into English:

(a) Ce qui provoque une interprétation plus souple de ces critères, ce sont les embarras qu'éprouve chaque pays à les atteindre.

(b) Être nombreux, c'est se condamner à être pauvres.

(c) Ce serait mentir que de dire que le directeur général ne songe pas à une réduction d'effectifs.

(d) L'inconvénient de l'ère informatisée dans laquelle nous vivons, c'est que les gens se rencontrent de moins en moins pour effectuer leurs transactions.

(e) Ceux qu'il faut critiquer, ce sont les autorités gouvernementales.

(f) Prendre l'ensemble des cadres supérieurs et diviser par trois pour créer la nouvelle direction générale, ce serait complètement absurde.

(g) L'avenir c'est l'intégration.

(a) ....

....

(b) ....

(c) ....

(d) ....

....

(e) ....

(f) ....

....

(g) ....

(ii) Compose 5 sentences of your own, using the sentences in (i) above as a guide. Write one sentence following the pattern of (a) / (d); one following the pattern of (b) / (g); and one each following the pattern of (c), (e) and (f).

(a) ....

(b) ....

(c) ....

(d) ....

(e) ....

38 Relative pronouns [262–77]

(1) Using an appropriate relative pronoun, combine the following pairs of sentences to make a single sentence.

E.g.   Voilà une des difficiles questions. Le premier ministre doit tenter de répondre à ces difficiles questions.

Voilà une des difficiles questions auxquelles le premier ministre doit tenter de répondre.

(a) Aller à l'université ne concerne encore qu'une minorité. Cette minorité en est fière.

....

(b) Ne pas contrôler sévèrement les agressions innombrables est condamnable. Cette société industrielle engendre les agressions.

....

....

(c) Le roi demande que les prisonniers soient amnistiés. La libération des prisonniers ne menace pas la sécurité du pays.

....

....

(d) Une équipe internationale de scientifiques a été réunie. L'équipe devrait rendre dans les jours à venir ses premières conclusions.

....

....

(e) Ces changements, sont-ils prévus pour cet été? Vous songez à ces changements depuis longtemps.

....

(f) Un accélérateur de particules est une sorte de tunnel. Les parois du tunnel sont de gros aimants.

....

(2) Choose an appropriate relative pronoun to fill in the gaps.
E.g.   La vie .... je rêvais d'avoir à l'âge de 20 ans, je la vis aujourd'hui.
        La vie que je rêvais d'avoir . . .

(a) L'argent .... ils ont accès est celui des parents.
(b) Les cyclistes avaient à parcourir un trajet de 65 kilomètres, au cours .... ils traversaient successivement plusieurs quartiers de la ville.
(c) La collision était prévisible en raison du caractère obsolète de l'équipement .... dispose l'aérodrome.
(d) Les journalistes doivent bien trouver des crises sur .... écrire.
(e) Le stress est une réaction normale .... il faut utiliser pour accroître énergie et motivation.
(f) Le Général de Gaulle a doté la France d'une nouvelle constitution et d'un régime présidentiel dans .... le chef de l'État détient de grands pouvoirs.
(g) Nous avons une télévision de consommation .... le but est de faire plaisir au plus grand nombre.

(h) Il y a des limites à l'ouverture sur l'étranger au-delà .... la langue risque de perdre son identité.

(i) C'est très dangereux de lâcher sur le marché un produit .... on n'a pas analysé les effets secondaires à court et à long terme.

(j) Il a fait annuler les résultats de ce scrutin .... lui était défavorable.

(3) Translate into English:

(a) Une équipe de chercheurs venant de plusieurs pays (dont la France) travaillant aux États-Unis ont fait une découverte étonnante.

....

....

(b) Au Festival International du Cinéma il y a de quoi secouer le plus blasé des cinéphiles.

....

....

(c) La consommation des soins médicaux n'est pas la même selon la catégorie sociale à laquelle on appartient.

....

....

(d) Ce sont des gens en qui on a confiance.

....

(e) Les mois qui viennent s'annoncent difficiles.

....

(f) Un plan sera élaboré, après quoi on constituera des conseils provisoires.

....

(4) Fill in the blanks in the following sentences, using an appropriate relative pronoun.

E.g.   C'est un fabuleux champ de recherche .... tout reste à faire.
       C'est un fabuleux champ de recherche où tout reste à faire.

(a) Cette femme est à l'antipode de .... je suis.

(b) La main d'œuvre espagnole est moins chère, ... fait que les produits espagnols sont vendus meilleur marché que les produits français.

(c) .... nous avons tous besoin aujourd'hui, c'est d'un nouveau scepticisme.

(d) Sélectionnez .... est réellement utile.

(e) On ignore .... il pense de la stratégie.

(f) La liberté consiste à faire .... ne nuit pas à autrui.

(g) La France est un pays .... la consommation médicale est l'une des plus élevées du monde.

(h) Nous cherchons seulement à confirmer .... nous savons déjà.

(i) .... protège la terre protège l'homme.

(j) Il faut se tenir informé de .... bouge sur les réseaux électroniques.

(5) Write sentences of your own to include each of the following relative pronouns:

qui   que   dont   auquel   ce qui

(a) **[qui]** ....

(b) **[que]** ....

(c) **[dont]** ....

(d) **[auquel]** ....

(e) **[ce qui]** ....

(6) Translate into French:

(a) According to French philosophy, a student is an empty vessel which must be filled.

....

(b) The Canadian Grand Prix is an event whose 30th anniversary is being celebrated this year.

....

....

(c) They are francophone countries: what affects them affects us too.

....

(d) One day when he was going to the office . . .

....

(e) . . . until the day when the workers decided they needed more money.

....

(7) Fill in the blanks in the following paragraph, choosing from the list beneath it. Not all the words in the list will be needed, and you may need to use some more than once.

Ce sont des voleurs d'identité .... peuvent détruire votre réputation de solvabilité. Les gens n'ont aucune idée de .... se passe jusqu'au moment .... ils reçoivent des factures ou un coup de téléphone d'une personne .... leur demande à quel moment ils prévoient payer un montant .... ils n'ont jamais entendu parler.

que   qui   ce qui   ce que   ce dont   dont   où   quand

39 Interrogative determiners and pronouns [278–90]

(1) Fill in the blanks in the following direct and indirect questions.

E.g. Je me demande .... est qui et qui fait ....
       Je me demande qui est qui et qui fait quoi.

(a) A .... conditions la gauche pourrait-elle l'emporter dans ces législatives?

(b) .... sommes-nous, et .... voulons-nous être?

(c) De .... le Mur de Berlin fut-il le symbole?

(d) Dites-moi .... vous savez sur cet événement historique.

(e) A .... la faute?

(f) .... a lancé cette mise-en-garde?

(g) .... peut-on apprendre en si peu de temps?

(h) A .... cela peut-il bien servir?

(i) Expliquez-moi .... vous attire dans cette histoire.

(j) .... de ces films est le plus célèbre?

(2) Change the following direct questions into indirect questions.

E.g. Qu'est-ce qui vous a attiré dans cette histoire?
       Expliquez-moi / Dites-moi (etc.) ce qui vous a attiré . . .

(a) Qu'est-ce qui explique une telle erreur?

....

(b) Qui sont ces jeunes filles qui portent le foulard islamique?

....

(c) Que disent-elles?

....

(d) Que répondre?

....

(e) Qu'est-il devenu?

....

(3) Here are some replies to questions. For each reply, compose a suitable question in French, involving the idea '**What . . . ?**'

E.g. Ces fraises-ci sont des plantes transgéniques.
       Quelles fraises sont des plantes transgéniques? / Lesquelles des fraises . . . ?

(a) Le rhodium est un métal à la fois très léger, très dur et très fragile.

....

(b) Les Français se veulent responsables de leur présent comme de leur avenir.

....

(c) Le résultat de ces discussions, c'est que le texte du projet de loi a été adopté.

....

(d) Pour que les consommateurs en achètent davantage, il faudrait pratiquer des prix moins élevés.

....

(e) Si j'avais à déménager j'aimerais habiter dans cette région-ci.

....

(f) C'est celui-ci le chemin le plus court.

....

(g) De nombreux gènes responsables de maladies ont été découvertes.

....

40 Indefinite adjectives, adverbs, determiners and pronouns [291–9]

(1) Choose from the list beneath the sentences to fill the gaps, then translate into English what you have written.

E.g.   Les Français et les Africains veulent garder les bonnes relations qu'ils s'entretiennent ....
   Les Français et les Africains veulent garder les bonnes relations qu'ils s'entretiennent les uns avec les autres.

(a) La sécurité d'emploi .... entraîne la précarité ....
(b) «C'est la faute au gouvernement» disent .... «tout ça est organisé par la droite» répondent ....
(c) Ce spectacle ne les attire ....
(d) Ils travaillent à des milliers de kilomètres de distance ....
(e) Les deux partis politiques en cause rejettent .... l'odieux de la situation.

l'un sur l'autre   les uns ... les autres   les uns des autres
des uns ... des autres   ni l'un ni l'autre

(2) Translate the words in brackets into French.
E.g.   Il vaut mieux ne pas se mêler aux affaires de [**others**].
   Il vaut mieux ne pas se mêler aux affaires d'autrui.

(a) Le boxeur, pris par un crochet au nez et repris [**by another**] .... au ventre, s'écroula.
(b) C'est un individu qui par ses propres recherches peut s'enrichir mais aussi donner [**to others**] ....
(c) L'ordre d'évacuation a été maintenue pour au moins [**one more day**] ....
(d) Comme [**thousands of other**] .... Montréalais je suis allé aux feux d'artifice samedi soir.

(e) Les universités sont en concurrence [**with each other**] ....

(f) J'avais un oncle qui habitait en Espagne, et je lui rendais visite [**now and then**] ....

(g) Deux des principaux suspects continuent [**moreover**] .... d'occuper d'importantes responsabilités dans l'administration.

(3) Take one element from section **A** and one from section **B** to compose a complete sentence. Then translate into English what you have written.

A

(a) Certains disent

(b) L'Europe politique d'aujourd'hui est une cacophonie croissante

(c) Découvrez les délices d'une table qui a

(d) Nous serons en mesure de faire face à ces problèmes

(e) Ses observations

(f) Il y eut une terrible bousculade dans la rue

(g) Ces données reflètent le niveau de pauvreté financière

(h) Les enseignants réagissent diversement

(i) L'affrontement sporadique avec la police est devenu une activité banale

(j) Numéro un?

B

(a) où certains tombèrent.

(b) dans les différents pays du monde.

(c) dans certains quartiers

(d) ont causé une certaine surprise.

(e) Il n'y a pas de quoi pavoiser.

(f) devant l'absence de respect de certains élèves.

(g) quand nous aurons acquis une certaine marge de manœuvre sur le plan fiscal.

(h) de quoi satisfaire le plus fin des gastronomes.

(i) entre diverses nations censées s'unifier.

(j) que le rire est la meilleure des thérapies.

(a) ....

(b) ....
....

(c) ....

(d) ....
....

(e) ....

(f) ....

(g) ....
....

(h) ....
....

(i) ....
....

(j) ....

(4) Choose between **chacun, chacune** and **chaque** to fill in the gaps in the following.

E.g.   .... spectacle attire en moyenne 150 000 personnes.
   Chaque spectacle attire . . .

(a) .... Français veut que l'on respecte son jardin secret. ....
   souhaite être maître chez soi.
(b) «Regagnez .... votre place!» cria-t-il aux femmes.
(c) .... de ces gros incendies a ravagé au moins 200 hectares de forêt.
(d) .... section de l'usine est contrôlée par des automates locaux et
   .... des ordinateurs est interrelié.
(e) Ces événements marquent la forte crise de confiance qu'a .... de
   nous envers ses représentants politiques.

41 *Même* [300]

Translate the following into French:

(a) The new 2CV has the same rounded shape [use *formes* (pl.)] and the same characteristics as the Citroën model of 1948.
(b) We have not even taken this suggestion into account.
(c) This writer has known anonymity [*la clandestinité*] itself.
(d) He is even more intelligent than his father.
(e) His government is nevertheless not indifferent.
(f) We need courageous leaders able to impose their vision.
(g) The candidate should hold a PhD in science as well as advanced training in neurology.

(a) ....
....

(b) ....

(c) ....

(d) ....

(e) ....

(f) ....

....

(g) ....

....

42 *N'importe qui*, etc.; *on* [301–2]

(1) Translate the words in brackets.

E.g.   [**Anyone**] d'entre vous peut le faire.

N'importe lequel d'entre vous peut le faire.

(a) [**Anyone**] .... peut ouvrir un compte sous [**any**] .... nom.

(b) Il est possible de trouver dans [**any**] .... librairie ou grande surface des livres excellents.

(c) La rancœur est telle qu'elle peut se manifester [**anywhere**] ....

(d) Les économistes internationaux retiennent le prix qui permet d'acheter sur le marché intérieur de [**any**] .... pays la même quantité de biens qu'avec un dollar aux États-Unis.

(2) Translate the following sentences into English, and explain the relevance of the highlighted words in (a), (e) and (f).

(a) La nature agit sur **nous** sans même qu'**on** s'en aperçoive.

(b) Une population jeune, ouverte sur l'extérieur, a donné naissance à un esprit d'entreprise dont on ne mesurera les effets en profondeur que dans quelques années.

(c) La télévision crée plus de vedettes que le cinéma : après tout, on fréquente davantage le petit écran que le grand.

(d) On peut s'interroger sur l'indépendance des médecins vis-à-vis des laboratoires pharmaceutiques.

(e) L'usage de ce produit, que **l'on** présente comme miraculeux, n'est pas sans soulever des inquiétudes.

(f) Le porte-parole de la Sécurité publique a indiqué que **l'on** continuait de surveiller attentivement la situation.

(a) ....

(b) ....

....

....

(c) ....

....

(d) ....

....

(e) ....

....

(f) ....

....

43 *Pareil, tel, quelconque* [303–5]

(1) Compose sentences of your own in French to contain the following:

> **pareille   tel   tellement   telle   pareil   quelconque**

(a) **[pareille]** ....
(b) **[tel]** ....
(c) **[tellement]** ....
(d) **[telle]** ....
(e) **[pareil]** ....
(f) **[quelconque]** ....

44 *Quelque, quelques, quel que* [306–10]

(1) Choose from the following to complete the sentence:

> **quelque / quelques / quel(s) que / quelle(s) que / quelques-uns (-unes)**

E.g.   Le ministre a rendu public le programme éducatif qui servira les
.... 90 000 enfants de cinq ans inscrits au niveau préscolaire.
Le ministre a rendu public le programme éducatif qui servira les quelque
90 000 enfants ...

(a) Quels lecteurs, de .... pays que ce soit, voteraient pour le renvoi au
chômage de milliers des leurs?

....

....

(b) En cette ère informatisée, les fraudeurs n'ont besoin que de ....
informations sur chaque individu.

....

....

(c) J'ai vu .... des œuvres qui vont être exposées dans cette salle.

....

(d) .... 100 pompiers ont continué leur lutte contre les feux de forêt.

....

(e) Tous les ans .... milliers de personnes quittent les grandes agglomérations.

....

(f) En France, ... des plus beaux dessins préhistoriques se trouvent à Lascaux.

....

(g) La cathédrale est un édifice étonnant, ... peu effrayant par son ampleur.

....

....

(h) .... compétentes qu'elles soient, elles n'arriveront jamais à vaincre les éléments.

....

....

(i) Pour certains jeunes il n'est plus question de respecter l'autorité sous .... forme que ce soit.

....

(j) .... soient les difficultés, il faut essayer d'achever ce travail.

....

(k) C'est la banque qu'il vous faut .... soit le marché ou le pays dans lequel vous opérez.

....

45 Quelque chose, quelqu'un, quiconque, qui . . . qui, qui que ce soit [311–16]

(1) Translate the words in brackets.

E.g. [**Anyone who**] a expérimenté un massage sait bien que le toucher est un don rarissime.

Quiconque a expérimenté un massage . . .

(a) Les réservations faites par téléphone sont [**something**] .... de plus en plus répandu.

(b) On peut accéder à son compte bancaire par les guichets automatiques sans avoir à consulter [**anyone**] ....

(c) «Je ne pense pas que [**anyone**] .... puisse croire que les États-Unis peuvent imposer leurs décisions de manière unilatérale aux autres États membres de l'ONU» a déclaré le secrétaire général.

(d) Si vous y voyez [**anyone**] ...., revenez aussitôt.

(e) Je parle publiquement parce que c'est [**something**] .... d'important pour moi.

(f) Cela ne signifie en aucune façon qu'il y a une crise [**of any kind = any**] .... dans le football.

46 *Tout,* etc. [317]

(1) Choose from **tout / toute / tous / toutes / tout ce qui / tout ce que / tout ce dont** to fill in the following gaps.

E.g.   .... les annonceurs canalisent leurs budgets publicitaires vers des véhicules à haut rendement.

Tous les annonceurs . . .

(a)   .... homme rêve d'être immortel.

....

(b)   .... les indicateurs, il est vrai, sont au vert.

....

(c) Le discours de M. Chirac n'aura en .... cas pas laissé l'auditoire indifférent.

....

(d) Il faut examiner les meilleures pratiques managériales, ... secteurs confondus.

....

(e) Le caractère sensible de .... dossier concernant la politique fiscale peut à .... moment détériorer le climat de travail.

....

....

(f) Nous serons très heureux de pouvoir vous faire bénéficier de .... les informations et de .... les contacts susceptibles de favoriser votre installation dans la région.

....

....

(g) Israël réagira avec sévérité à .... action susceptible de mettre en danger le processus de paix.

....

(h)   C'est un champ de recherche où .... reste à faire.

....

(i)   Nos étudiants partent dans .... les directions imaginables, mais
.... auront appris à prendre confiance en leurs capacités intellectuelles.

....

....

(j)   .... vérité n'est pas bonne à dire.

....

(k)   Nous avons .... tenté.

....

(l)   J'aurais bien acheté des fleurs, mais celles-ci ont l'air .... fanées.

....

(m)   La politique d'immigration pourrait parfaitement être soumise au referen-
dum, ... au moins pour ses aspects économiques et sociaux.

....

....

(n)   .... brille n'est pas or.

....

47   Quantifiers [320–37]

(1)   Choose a word from the list beneath the sentences to complete each one.
E.g.   Le réseau routier est endommagé par l'acheminement de ....
de camions.
Le réseau routier est endommagé par l'acheminement de tant de camions.

(a)   Les films de George Lucas le consacrent comme homme d'affaires
.... comme créateur.

(b)   .... un CD sur deux est aujourd'hui vendu dans un hypermarché ou
un supermarché.

(c)   Nous agressons toujours .... la nature qui nous a engendrés et sans
laquelle nous ne pourrions pas survivre.

(d)   C'est le forfait que commettent par inconscience ou par égoisme ....
ceux qui polluent que ceux qui permettent qu'on le fasse.

(e)   .... un tiers des clients de la SNCF voyagent à plein tarif.

(f)   A l'arrivée du pape, ... pèlerins, y compris des jeunes, ont essuyé
furtivement des larmes.

(g)   Quant aux visites chez le médecin, les manœuvres y vont .... les
cadres.

(h)   Très .... questions semblent solliciter .... réflexions.

(i) Comment expliquer que .... enfants, notamment ceux des familles monoparentales, vivent dans le dénuement.

(j) Il a fallu la publication de ce rapport pour voir .... ministres insister sur la lutte contre la pauvreté infantile.

plusieurs	peu de	plus de	tant	tant de	moins de
autant de	nombre de	autant que	davantage	moins que

(2) Translate the words in brackets.

E.g. Les syndicats s'occupent [**as much**] .... de questions syndicales que professionnelles.

Les syndicats s'occupent autant de questions syndicales ...

(a) Nous cherchons [**as many**] .... practicien(ne)s d'expérience que de jeunes diplômé(e)s pour compléter notre équipe.

(b) Le chef cri a dit: «Nous pouvons réaliser des choses concrètes ensemble et qui seront profitables [**as much**] .... aux peuples autochtones qu'au peuple du Québec.»

(c) Les vacances d'été: [**what a lot of**] .... journées passées au bord de la mer.

(d) C'était le but de [**almost all the**] .... participants au congrès de soutenir la lutte contre la pauvreté.

(e) Il est [**much nicer**] que son frère.

(3) Translate into French:

(a) Unemployment affects more than one adult in two in certain cities.

....

(b) There is too much personal animosity to allow the project to succeed.

....

(c) This party does not have much to say on the important questions.

....

(d) Expectations are so high that I do not think people will accept less than a victory.

....

....

(e) Nowadays many young couples are living below the poverty threshold.

....

....

(f) Nowadays many of the young couples who have moved here are living below the poverty threshold.

....

....

(4) Combine three elements (one from each column) to make a single sentence.

	1	2	3
(a)	Finalement, nous dit-on, après	davantage	la moitié des habitants du continent ne disposent pas d'eau potable.
(b)	Le niveau de vie des ménages pauvres stagne, il s'accroît à peine pour les ménages modestes et progresse	davantage	dans les centres de désintoxication.
(c)	Ici, la plupart des gens luttent pour leur survie, et	tant	pays industrialisés beaucoup plus riches sur le plan de l'égalité des sexes.
(d)	Hier, au tour de l'Île, c'était le plein été, et personne ne s'en est plaint,	plus de	chez les ménages aisés
(e)	Certains pays en développement surclassent	bien des	du côté des organisateurs que de celui des participants.
(f)	Pour lutter contre la drogue, il faut accorder plus de pouvoirs à la police et aux tribunaux tout en investissant	maints	atermoiements le gouvernement a décidé d'agir.

(a) ....

....

(b) ....

....

(c) ....

....

(d) ....

....

(e) ....

....

(f) ....

....

Verbs

48 Verbal morphology [340–3, 345–81]

(i) Conjugation exercises [340–2, 345–81]

Fill in the gaps in these tables; use appropriate French terms for the tense/mood [340].

(1) *avoir/être* [348–50]

Form	Person	Tense/mood	Infinitive	Present participle
aura				
	1 pl.	passé simple	être	
serais				
	1 sing.	présent		ayant
aurait été				
eût				
	3 pl.	subj. prés.		étant
	2 pl.	imparfait	avoir	
	2 sing.	subj. passé		ayant
serai				

(2) First conjugation [351–8]

	1 sing.	futur	jeter	
donnèrent				
	1 sing.	imparfait	manger	
	2 sing.	impératif	céder	
eus créé				
	1 pl.	imparfait	crier	
	2 pl.	imparfait		achetant
	1 sing.	présent	répéter	
renverrait				
	3 sing.	subj. plusqp.	penser	

(3) Second conjugation [359–66]

	2 sing.	présent	haïr	
	1 sing.	présent	servir	
finisse				
	3 pl.	présent	découvrir	
	1 pl.	futur	cueillir	
dormîtes				dormant
	3 sing.	passé comp.	partir	
	1 pl.	impératif		finissant
	2 pl.	subj. passé		mentant
	3 pl.	futur antérieur	couvrir	

(4) Third conjugation [367–74]

	3 sing.	présent	rompre	
avais vendu				
	3 pl.	passé simple		rendant
	2 sing.	impératif		répondant
	2 sing.	présent	battre	
	1 sing.	subj. impf.	vaincre	
atteignait				
	1 pl.	passé simple	connaître	
	1 pl.	passé simple		construisant
rendrez				

(5) Irregular verbs [375–8]

	3 sing.	subj. impf.	devoir	
reçois				
	2 sing.	présent		s'asseyant
	3 pl.	subj. prés.		mourant
	2 sing.	impératif	aller	
	3 sing.	passé simple	mettre	
acquérions				
	1 sing.	futur	savoir	
fassent				
tins				
	2 sing.	imparfait	voir	
	2 pl.	subj. prés.	lire	

avons plu				plaisant
	3 pl.	subj. prés.	venir	
	1 sing.	imparfait	écrire	
	3 sing.	passé simple		vivant
conclurai				
	2 pl.	imparfait	dire	
	2 sing.	cond. prés.	vouloir	
suit				

(6) Reflexive verbs [379–81]

NB: In this table you need to put the subject pronoun and the reflexive pronoun before the verb. Persons have been marked M (masculine) or F (feminine) for compound forms: remember agreement rules [380, 461].

	1 sing. F	passé composé	s'éprendre	
	2 pl. F	passé composé	s'efforcer	
nous nous aimions				
tais-toi!				
elle s'en alla				
	3 pl. F	passé composé		se réfugiant
	1 sing.	subj. impf.	se laver	
	2 pl. M	passé composé		s'écrivant
	2 pl. M	passé composé	se blesser	
	1 sing. F	subj. plusqp.		se levant

(ii) Impersonal verbs [343]

(1) Weather report

Complete the sentences using an appropriate impersonal weather verb in place of the English term.

Example: Demain [SNOW] dans les Alpes → Demain il neigera dans les Alpes

(a) Dans la région de Grenoble, [FREEZE] pendant la nuit, mais maintenant [THAW].

....

(b) [RAIN] et [COLD] en Alsace-Lorraine aujourd'hui et demain.

....

(c) En ce moment [HAIL] et [THUNDER] sur le Massif central.

....

(d) Cet après-midi [SUNNY] et [HOT] en Provence.

....

(e) [WINDY] ce soir sur les côtes de Bretagne.

....

(2) More impersonal verbs
Choose the appropriate impersonal expression from the list below to fill the gaps.
Certain expressions may be used more than once; they may also be inverted to
form a question (e.g. *existe-t-il?*) or made negative (e.g. *il ne faut pas*).
Example: Aujourd'hui .... plus guère de petits commerçants →
Aujourd'hui il n'y a plus guère de petits commerçants

(a) Aujourd'hui il n'y a plus guère de petits commerçants : .... fermer
les supermarchés?
(b) .... de la première voiture à panneaux solaires.
(c) Pendant l'été, ... de trouver une chambre de libre dans cette ville.
(d) .... aux enfants de sortir seuls le soir après 22 heures.
(e) .... certains villages où .... de regarder la télévision,
faute d'électricité.
(f) En attendant, ... qu'à se rappeler que la situation n'est pas sans
précédence.
(g) Début mars .... une ambiance à couper au couteau.
(h) .... (+ leur) comprendre que la vie est plus compliquée.
(i) A ce qu' .... (+ me), la situation est sérieuse.
(j) .... pas que la Bourse monte pour que tout aille bien.

| il semble | il s'agit | il est interdit | il y a | il suffit |
| il faut | il régnait | il est impossible | il reste | il existe |

49 The passive [382–5]

(1) Change the infinitive form in brackets to a passive form in the appropriate tense/mood (where the tense choice is unclear, guidance has been given in
brackets).
Example: Sans les zoos, certaines espèces [RAYER] de la carte → auraient été
rayées

(a)   Un observatoire [CRÉER] au bord du lac. (Perfect)

....

(b)   Une grande salle [RETENIR] pour la conférence de presse demain. (Future perfect)

....

(c)   Cet événement [CÉLÉBRER] chaque année chez les habitants de l'île.

....

(d)   On ne peut que [FRAPPER] par la ressemblance entre père et fils.

....

(e)   Il [BLESSER] par une rafale d'arme automatique. (Perfect)

....

(f)   A l'hôtel, les dix chambres [RÉNOVER] et [NETTOYER]. (Perfect)

....

(g)   Les premiers résultats de l'étude viennent de [ANNONCER].

....

(h)   Cette étude [MENER] sur 300 volontaires, qui [RÉPARTIR] en trois groupes. (Perfect)

....

(i)   Les voitures [FABRIQUER] en France entre 1980 et 1991.

....

(j)   Il faut attendre jusqu'à ce que la rentrée scolaire [EFFECTUER].

....

(k)   L'actrice [COURONNER] pour son interprétation dans ce film. (Perfect)

....

(l)   Il vient de [NOMMER] gouverneur de la banque.

....

(m) Le commandant du navire [RELEVER] de ses responsabilités. (Perfect)

....

(n)   Le colloque [OUVRIR] demain par le président de l'association.

....

(o)   Cette offre [RÉSERVER] exclusivement à nos lecteurs.

....

(p)   Des fruits et des légumes qui [CRÉER] génétiquement seront bientôt dans nos supermarchés.

....

(q) Joseph et Liliane sont heureux de vous annoncer leur mariage qui [CÉLÉBRER] le samedi 28 juin 1997 à Bordeaux.

....

(r) Le château, qui [RESTAURER] entièrement, [SITUER] dans un parc à dix minutes de Tours. Le parc [PLANTER] de grands arbres et [TRAVERSER] par une rivière. (Perfect; present × 3)

....

(s) Notre association recherche directeur/trice. Vous [CHARGER] du contrôle de la gestion de l'établissement.

....

(t) Le football européen [CONTRÔLER] par l'UEFA. (Present)

....

(2) Avoidance of passive
Translate these English sentences without using the passive: use *on* or a reflexive verb.
Example: As is shown in the book ... → Comme on le montre dans le livre ...

(a) The boy, who is called Jean in the film, is a drug addict.

....

(b) Can peace be imagined between the two sides?

....

(c) As is shown in the book, teachers are asked to fulfil too many tasks.

....

(d) Some difficult questions are posed.

....

(e) Tiredness is soon forgotten.

....

(f) The village can be seen from a long way off.

....

(g) French is spoken here.

....

(h) These are minerals which are not found anywhere else.

....

(i) The rumours reaching us from the palace are confirmed: the prince has asked for a divorce.

....

....

(j) They were refused admission to the exhibition.

....

50 Negative and interrogative constructions [386–9]

(1) Complete the table. Line 1 has been done for you.

Affirmative	Interrogative	Negative	Negative-interrogative
tu parles	parles-tu?	tu ne parles pas	ne parles-tu pas?
elles étaient			
il viendra			
vous avez pensé			
je dois			
elle vient			
nous avions voulu			
il aurait été fini			
tu te souviens			
il faut			

(2) Sentence completion

Using forms from the completed table above, complete the sentences below (there may be more than one possibility).

Example: .... français quand tu es chez ta correspondante à Biarritz?

→ ne parles-tu pas

(a) .... à ce que je vous ai dit?
(b) .... partir avant le repas du soir.
(c) .... de notre visite aux États-Unis?
(d) .... rester aussi longtemps.
(e) .... au mariage de son neveu?
(f) Si je n'avais pas laissé le rapport au bureau, ... déjà.
(g) .... rentrer après minuit.
(h) .... sûres de l'identité de la victime?
(i) .... souvent de tes projets?
(j) .... de se rendre compte que j'avais raison.

51 Person and number [390–7]

(1) Coordinate subjects

Change the infinitive form in brackets to a present tense form that agrees in person and number with the subject(s).

Example: Jean et Caroline [AVOIR] la grande joie de vous faire part de la naissance de leur fille → ont

(a) Rappelez-vous que ce [ÊTRE] avant tout vos résultats dans les examens qui [ALLER] vous aider à trouver un emploi.

    ....

(b) L'avenir des syndicats [ÊTRE] en danger.

    ....

(c) Le président et le premier ministre [AVOIR] décidé de procéder à une élection pour le premier mai.

    ....

(d) Le président, ainsi que le premier ministre, [CROIRE] que, vu les circonstances, c'est la meilleure date.

    ....

(e) Certains [DIRE] que le président craint une défaite électorale s'il attend la fin de l'année.

    ....

(f) Chacun des participants [BÉNÉFICIER] d'un tarif réduit.

    ....

(g) Ton père et moi, (+ subject pronoun) [AVOIR] quelque chose à te dire.

    ....

(h) Il a composé des mélodies qui [S'INSPIRER] du folklore russe.

    ....

(i) Les parents le [SAVOIR] : les enfants n'aiment pas les légumes.

    ....

(j) Nous vous [REMERCIER] de votre lettre du 15 mars.

    ....

(2) Collective nouns

Do the same as in exercise (1) above.

(a) Une dizaine de jeunes officiers [AVOIR] participé, en mars, à un stage de langue russe à Moscou.

    ....

(b) La police [VENIR] de démanteler un trafic de drogues entre les deux pays.

....

(c) Pour la première fois, notre équipe [AVOIR] gagné le concours.

....

(d) Tout le monde [CONNAÎTRE] la silhouette distinctive des saules.

....

(e) La foule [ÊTRE] toujours attiré (+ agreement) par les tableaux de Van Gogh.

....

(f) La moitié des habitants du village [AVOIR] été sauvé (+ agreement) de l'inondation.

....

(g) Au restaurant «Chez Gérard» à Dunkerque, la plupart des dîneurs [CHOISIR] des fruits de mer.

....

(h) Comme dessert, beaucoup [PRÉFÉRER] quelque chose de substantiel, comme le clafoutis.

....

(i) Le gouvernement [ANNONCER] aujourd'hui le plan budgétaire.

....

(j) On distinguait à l'horizon une flotte de navires qui [S'APPROCHER] du promontoire. (Use imperfect in this example).

....

TENSES

52 Present tense [399, 404, 413–14]

(1) Translating the present
Translate into English the underlined present tense verb forms.
Example: La sécheresse s'aggrave → is getting worse

(a) L'écrivain habite une maison à la campagne et n'a aucun appétit pour le luxe.

....

(b) Elle conte l'histoire d'un jeune homme qui part pour le Canada en quête de son père.

....

(c) «Tu <u>pars</u> d'abord; moi je <u>reste</u> quelques semaines pour voir comment ça s'<u>arrange</u>; après je te <u>rejoins</u>.»

....

(d) Cela fait un an que les Bordelais <u>attendent</u> de réparer l'injustice de leur défaite à Paris en mai dernier.

....

(e) Il <u>lance</u> le 20 octobre prochain un nouveau magazine consacré au jardinage.

....

(f) Depuis un siècle, on <u>connaît</u> les effets nocifs de l'amiante, et en 1933 les médecins <u>décrivent</u> les premiers cas de cancers dus à l'amiante. (*amiante* = asbestos)

....

....

(g) En ce moment elle <u>travaille</u> sur les liens entre l'amiante et d'autres types de cancer.

....

(h) Homme 45 ans <u>cherche</u> amie 30–40 ans pour relation durable, région parisienne.

....

(i) Berlin, la nuit du 9 novembre 1938, les synagogues <u>brûlent</u>. Franz a onze ans. Il ne l'<u>oublie</u> pas et il <u>exprime</u> sa honte et ses peurs dans ses tableaux.

....

....

(j) Depuis sa construction en 1810 jusqu'à la fin de l'Empire en 1818, le palais d'Orsay <u>abrite</u> le ministère des Relations extérieures de Napoléon.

....

....

(2) Dictionary definitions

Complete the following brief definitions (adapted from the *Petit Larousse*), with at least one verb in the present tense.

Example: *Algue* n.f. végétal chlorophyllien sans racines qui . . . → vit dans l'eau de mer

(a) *Châtain* adj. qui ....

(b) *Cobra* n.m. serpent vénimeux qui ....

(c) *Facteur* n.m. employé des postes qui ....

(d) *Géographie* n.f. science qui ....

(e) *Insectivore* adj. se dit d'un animal qui ....

(f) *Marée* n.f. mouvement régulier et périodique des eaux de la mer, par lequel le niveau ....

(g) *Précis* n.m. ouvrage qui ....

(h) *Racine* n.f. organe des végétaux qui ....

(i) *Violon* n.m. instrument de musique à quatre cordes qu'on ....

....

(j) *Whisky* n.m. eau-de-vie de grain que l'on ....

53 Past tenses: imperfect, preterite, perfect [405–10]

(1) Which past tense?
Replace the infinitives by imperfect, preterite or perfect as appropriate.
Example: Louis XIV [RÉGNER] de 1643 à 1715: à la mort de son père, il
           n'[AVOIR] que 5 ans → régna; avait

(a) <u>Mme Roland</u> (1754–1793). Elle [TENIR] à Paris un salon dont l'influence
    politique [ÊTRE] considérable et où [FRÉQUENTER] surtout les Girondins.
    Elle [PÉRIR] sur l'échafaud. (*Petit Larousse*)

....

....

....

(b) Enfin, comme Albert, pour la centième fois, [INTERROGER] sa montre, au
    commencement du deuxième acte, la porte de la loge [S'OUVRIR], et Monte-
    Cristo, vêtu de noir, [ENTRER] et [S'APPUYER] à la rampe pour regarder
    dans la salle; Morrel le [SUIVRE], cherchant des yeux sa sœur et son beau-
    frère. (A. Dumas, *Le Comte de Monte-Cristo*)

....

....

....

....

(c) «M. Raoul amène notre automobile.» Ma mère [SEMBLER] ne pas
    comprendre. «Je [PENSER] pour l'anniversaire de nos dix ans de mariage
    ... Voilà, je [ACHETER] l'auto.»

....

....

    Ma mère [DEVENIR] pâle, puis toute rouge, et finalement [ÉCLATER] en
    sanglots. Mon père me [FAIRE] sortir car les enfants ne doivent jamais voir
    pleurer leurs parents. (J. l'Hôte, *La Communale*)

....

....

....

(d) Je [AIMER] les trains. A chaque anniversaire ou pendant les vacances, mon père [COMPLÉTER] ma collection. Il [MENACER] de me reprendre mes wagons pour de bon si je [CONTINUER] à organiser des collisions. Ma mère lui avait offert une caméra pour la fête des pères, et je [COMMENCER] à l'utiliser. (*Femme* magazine, July/August 1996)

....

....

....

....

(e) <u>Chauffage défectueux: bébé tué</u>　Un bébé de 7 mois [MOURIR] et son père, 22 ans, [ÊTRE] grièvement brûlé dans l'incendie qui [RAVAGER] leur maison pendant la nuit de Noël, à Saint-Nazaire. Le feu, dû à un appareil de chauff-age défectueux, [SE DÉCLARER] dans la chambre où [DORMIR] les deux victimes, dans un quartier de HLM. (*France-Soir*, déc. 1992)

....

....

....

....

(2) Translating past tenses

Translate the underlined tense forms in these passages into French.

Example:　My first sight of England <u>was</u> on a foggy March night in 1973 when I <u>arrived</u> on the midnight ferry from Calais. (B. Bryson) → c'était; je suis arrivé

(a) I <u>went and walked</u> in the Luxembourg Gardens. It <u>was</u> one of those very still, warm autumn days, with crisp curled-up leaves everywhere. People <u>were sitting</u> about, particularly young couples and mothers with little kids, and the garden <u>was</u> very quiet in the midday sun. (J. Wain)

....

....

....

(b) In the early hours of 24 May a railway worker named André Radeau <u>was walking</u> the sleepers through the Bois de Leveau, 113 kilometres from Paris, when he <u>was accosted</u> by a barefoot individual, clad only in pyjamas, <u>moving</u> towards him in the dim light. (W. Wiser)

....

....

....

....

(c) I <u>had</u> about a year of it altogether. It <u>was</u> a queer time. The cross-country journeys, the godless places you <u>fetched up</u> in, suburbs of midland towns you'<u>d never hear of</u> in a hundred normal lifetimes. (G. Orwell)

....

....

....

(d) 'Two days ago,' Richard <u>began</u>, 'the day before yesterday, you <u>said</u> – you said something very hurtful to me. Marco?'
Marco <u>looked up</u>.
'And I want to know what you <u>meant</u> by it.' (M. Amis)

....

....

....

....

(e) Day <u>had broken</u> cold and gray, exceedingly cold and gray, when the man <u>turned aside</u> from the main Yukon trail and <u>climbed</u> the high-earth bank, where a dim and little-travelled trail <u>led</u> eastward through the fat spruce timberland. (J. London)

....

....

....

(3) Creative writing

(a) Write the story of Little Red Riding Hood in a letter to a young French child.

....

....

....

....

....

....

....

....

....

....

....

....

(b) Write a biographical entry for a French *Who's Who* on someone you admire.

....

....

....

....

....

....

....

....

....

....

....

....

(c) Write a newspaper article on a recent local event.

....

....

....

....

....

....

....

....

....

....

....

....

(d) Write a letter to a close friend in France about a frightening experience you have just had.

....

....

....

....

....

....

....

....

....

....

....

(e) Write an outline history of your village/town/city, to be included in a tourist guide.

....

....

....

....

....

....

....

....

....

....

....

54 Pluperfect, past anterior and double-compound tenses [411–12]

(1) Using the pluperfect
Change the infinitives in these texts to appropriate past tense forms; in each text one of these will need to be a pluperfect.
Example: Il [PRÉTENDRE] que son frère lui [ÉCRIRE] la semaine précédente.
→ prétendait; avait écrit

(a) Celle qui [ÊTRE] une des reines de Paris de 1925 à 1940 [SUBIR] une longue éclipse après la guerre parce que les temps [CHANGER]. (*Le Figaro*, avril 1997)

....

....

(b) Un mois plus tard, un compagnon de jeu d'Ino [COMMENCER] à en faire autant et, au bout de 4 ans, une quinzaine de singes [ASSIMILER] ce geste. (*Le Point*, déc. 1992)

....

....

(c) Selon le rapport de police, Daly, qui [BOIRE] pendant la journée, [POUSSER] son épouse contre un mur, avant de provoquer des dégâts à l'intérieur de la maison. (*Libération*, déc. 1992)

....

....

(d) Kiss, une chienne berger allemand qui [DISPARAÎTRE] de la ferme de ses maîtres il y a six ans, [RETROUVER] toute seule le chemin de sa niche la semaine dernière, dans les Vosges. (*Le Provençal*, sept. 1993)

....

....

(e) Une femme encore jeune [ÊTRE] à genoux près du lit. L'enfant que je [PRENDRE] pour la petite-fille de la défunte, mais qui ne [ÊTRE] que la servante, [ALLUMER] une chandelle fumeuse . . . (A. Gide, *La Symphonie pastorale*)

....

....

....

(2) *Plus-que-parfait,* passé antérieur or *passé surcomposé*?
In the sentences below, choose the most appropriate of the 3 tense forms listed
above to replace the infinitive. N.B. In one sentence, none of these are appropriate!
Example: Dès qu'ils [METTRE] le nez dehors, l'orage éclata. → eurent mis

(a) Nous venions d'arriver à Pau, et nous [LOUER] un appartement en plein
centre de la ville.

....

(b) Aussitôt que le monsieur [TOURNER] le dos, elle prit le livre.

....

(c) Quand je [ÊTRE] jeune, j'aimais bien faire de la natation.

....

(d) Après qu'elle [FINIR] son travail, elle partit.

....

(e) Quand je le [VOIR], j'ai décidé d'en informer la police.

....

(f) Dès qu'il [COMPRENDRE] la gravité de la situation, il se tua.

....

(g) Elles [TROUVER] la bonne réponse en un instant.

....

(h) Je te le jure : je l'ai vue ici après qu'elle [PARTIR].

....

(i) J'ai perdu la montre que je [ACHETER] à Paris.

....

(j) A peine [SORTIR + il] qu'il commença à pleuvoir.

....

55 *Depuis (que), il y a, voici, voilà . . . que* [413]

(1) Translate into French the underlined parts of the sentences below.
Example: I used to see him often <u>after he had settled</u> in Paris. → depuis qu'il
s'était établi

(a) <u>A week ago</u>, the election results <u>were announced</u>. (Use *on*)

....

(b) The country <u>has been waiting</u> to go to the polls <u>since early March</u>.

....

(c) <u>We haven't voted for five years.</u> (Use *on*)

....

(d) <u>I had known</u> the awful truth <u>for ten years</u>.

....

(e) <u>I had been there for a month</u> when my trunk arrived.

....

(f) <u>She won</u> her first race <u>eight months ago</u>.

....

(g) <u>It will soon be three years since they got divorced.</u>

....

(h) <u>Since</u> their divorce, <u>they haven't spoken to each other.</u>

....

(i) <u>I haven't seen them since they got married.</u>

....

(j) And <u>how long ago</u> was that?

....

56 Future tenses [414]

(1) Back to the future
Replace the infinitives in the sentences below with future, future perfect, immediate future, present or perfect, as appropriate.
Example: Je vous [ÉCRIRE] après qu'il [PARTIR]. → écrirai; sera parti

(a) Une chose est sûre : il ne [QUITTER] jamais son tombeau sous la mer.

....

(b) Chaque artiste a fait don d'un tableau qui [ÊTRE] vendu aux enchères.

....

(c) Vous le [OUBLIER] peut-être : aujourd'hui est la fête des pères.

....

(d) L'empereur y [FONDER] un couvent, qui [ÊTRE] très fréquenté par les pélerins au cours des 13ᵉ et 14ᵉ siècles.

....

(e) Vous [FINIR] par vous ennuyer ici, tant cette ville est calme.

....

(f) <u>Scorpion</u>   La passion est votre royaume : vous la [VIVRE] au-delà de vos espérances.

....

(g) Quand je [FINIR] mes études, je [ALLER] voir mon frère au Canada.

....

(h) As-tu pensé à ce que tu me [OFFRIR] pour mon anniversaire?

....

(i) Le jour où tout danger [ÉCARTER], nous [POUVOIR] recommencer le programme.

....

(j) L'Union européenne [CONNAÎTRE] une expansion immense dans la décennie qui [VENIR].

....

57 The conditional and conditional clauses [415–24]

(1) Translation
Translate into French the underlined parts of the sentences below.
Example: He said <u>he would come</u>. → qu'il viendrait
(a) What <u>would you do if you won</u> the lottery?

....

(b) As for a nuclear spill, we have no idea of <u>what the consequences would be on</u> the marine environment.

....

(c) According to the study, exports <u>have fallen by 50%</u> since the beginning of the year.

....

(d) In the wild, these animals <u>would not survive</u>.

....

(e) <u>In the morning, we would drink</u> a cup of cocoa before setting off for school. Our mother said <u>it would warm us up</u> for the day ahead.

....

(f) <u>I'd be happy to do it!</u>

....

(g) The minister <u>should resign</u>: apparently <u>he embezzled</u> party funds.

....

(h) Someone who <u>did</u> that <u>would be</u> quite unsuitable for ministerial responsibility.

....

(i) I pressed the alarm button: I had always wondered <u>what would happen</u>.

....

(j) <u>How happy she could have been</u>, were it not for the boy.

....

(2) Conditional clauses

Complete the following in an appropriate manner.

Example: S'il était ici, je ... → le saurais.

(a)   Nous serions bien contents si vous ....
(b)   Si j'avais su que tu étais malade, je ....
(c)   Si je vous répondais sérieusement, vous ....
(d)   Si seulement tu ....
(e)   Même si elle venait ici, je ....
(f)   Si vous deveniez millionnaire, que ....
(g)   S'il avait écouté son père, François ....
(h)   Si les scientifiques ont raison, le 21e siècle ....
(i)   Si on n'avait pas démoli le Mur de Berlin, ...
(j)   Si Elvis était toujours en vie ....
(k)   Vous la verrez, si elle ....
(l)   Quel serait mon salaire, au cas où je ....
(m) Elle me souriait comme si ....
(n)   Si les zoos n'existaient pas, ...
(o)   On aurait déjà éliminé la pauvreté, si ....

58 Infinitives [425–38]

(1) Change the sentence

Replace the underlined words and phrases with an infinitive construction, e.g.
faire, à faire, de faire, avoir fait. The word order may need to be changed.

Example: <u>Je penserai</u> à vous, <u>ce qui</u> sera ma seule consolation → Penser à vous
            sera ma seule consolation

(a)   L'abus d'alcool est dangereux pour la santé : <u>consommez</u> avec modération.

....

(b)   Je crois <u>que je</u> vous <u>ai rencontré</u> au colloque de Montpellier.

....

(c)   Ses parents pensent <u>qu'ils partiront</u> demain.

....

(d) Après qu'il eut obtenu ce qu'il voulait, il quitta le bureau.

....

(e) Il faut que je travaille plus.

....

(f) Que peut-on faire?

....

(g) On doit nettoyer toutes ces fenêtres.

....

(h) Ce produit doit être tenu au frais.

....

(i) Comme vous le savez, j'ai toujours soutenu cette opinion, et je crois qu'elle est la bonne.

....

(j) Si tu disais la vérité à ta sœur, ça serait la meilleure solution.

....

(2) At the station
Translate the underlined phrases into French, using an appropriate infinitive construction.
Example: You are making the dogs bark.
            Vous faites aboyer les chiens.

I watched the train pull out (i) and wondered whether I would ever see him again. One thing was sure, no one else would ever make me cry (ii).
I started to walk away (iii) from the platform, where life was going on as normal, and as I threaded my way through the throng, I overheard snatches of conversation:
«Get the porter to take the luggage!»(iv)
«Mrs Brown, I'm glad I've bumped into you: I saw you leave the house (v) this morning.»
«Yes, my son has just been visiting (vi); I let him leave early (vii); his girl-friend is having her appendix out (viii) tomorrow.»
«Oh well, I hope things go well. Will you be going back (ix) home now?»
. . . Enough of listening (x) to other people's lives: mine would never be the same again.
«Watch out miss; you'll get run over (xi)» called a voice. I came out of my reverie, thanked the porter for saving me from an accident, and asked him to hail me a taxi (xii).

(i) ....

(ii) ....

(iii) ....

(iv) ....

(v) ....

(vi) ....

(vii) ....

(viii) ....

(ix) ....

(x) ....

(xi) ....

(xii) ....

59 The present participle [439–46]

(1) Changing forms

Replace the infinitives in brackets with an appropriate *-ant* form, if necessary adding *en* and/or making any spelling or agreement changes.

Example: [SORTIR] de l'église, il glissa et se cassa la jambe → En sortant . . .

(a) [ANNONCER] sa candidature aux prochaines élections législatives, le premier ministre a pour objectif de combattre l'inflation [CROÎTRE].

....

....

(b) [GAGNER] le match contre Brest la semaine dernière, Perpignan compte sur une victoire ce soir.

....

....

(c) Chaque année, de plus en plus de visiteurs [ESPÉRER] retrouver le soleil, le calme et l'exotisme, se rendent à Goa, malgré le voyage [FATIGUER].

....

....

(d) Nous avons construit un grand hypermarché tout [GARDER] le caractère rural du village.

....

....

(e) Un lion né en captivité, ne [SAVOIR] plus chasser des zèbres dans la savane, est-il encore un lion?

....

....

(f) Des vagues successives d'immigrés, [EMPRUNTER] des routes différentes, sont arrivés au nouveau monde.

....

....

(g) C'est un argument très [CONVAINCRE], mais . . . .
(h) C'est un [DIRE DE SOI] ancien [COMBATTRE] qui nous a dupés.

....

(i) Demandez notre brochure; vous y découvrirez un superbe poster [REPRÉSENTER] les différents fromages de France, et des recettes vous [AIDER] à préparer des salades [ALLÉCHER] et des plats [FONDRE].

....

....

....

(j) Entreprise locale cherche emplacements [CONVENIR] à une usine d'alimentation pour animaux.

....

....

(2) Translation
Now translate the completed sentences from exercise (1) above.
Example: En sortant de l'église, il glissa et se cassa la jambe.
           Coming out of church, he slipped and broke his leg.

(a) ....

....

(b) ....

....

(c) ....

....

(d) ....

....

(e) ....
....

(f) ....
....

(g) ....
....

(h) ....
....

(i) ....
....

(j) ....
....

60 The past participle [447–71]

NB For further practice, see conjugation exercises [348–81] and tense exercises [405–24].

(1) Double choice
Fill in the gaps with the appropriate auxiliary (*avoir/être*) plus an appropriate past participle from the list below: combine the two to write a verb form in the tense indicated, remembering any necessary agreements and spelling changes.
Example: Il .... (Perfect) le bras → s'est cassé

attendu	**donné**	**gardé**	**quitté**	**tordu**
cassé	**entré**	**parti**	**regardé**	
descendu	**été**	**passé**	**resté**	
devenu	**fait**	**pris**	**sorti**	

(a) Après qu'elle .... (Past anterior), les journalistes s'accoururent vers les téléphones.
(b) Il y avait beaucoup d'oiseaux; je les .... (Perfect) voltiger autour de la clairière, et puis je .... (Perfect).
(c) Ces diamants .... (Past conditional) volés par M. Raffles.
(d) C'étaient des photos qu'on .... (Pluperfect) lors de la réunion.

(e) «Je joue au tennis depuis vingt ans, mais il y a un an je me .... (Perfect) la cheville; alors c'est plus difficile pour moi de concourir avec les jeunes filles» dit-elle.

(f) L'école que nous .... (Perfect) construire au village est tout à fait moderne.

(g) Les organismes gouvernementaux de sécurité se .... (Perfect) très peu de moyens pour résoudre le problème.

(h) Combien d'années .... vous .... (Perfect) à l'étranger?

(i) Elle .... (Perfect) fidèle à son mari, et elle .... (Perfect) un bon souvenir de l'homme qui la .... (Pluperfect) deux mois après la naissance de leur fille. Maintenant cette fille .... (Perfect) ministre au gouvernement et elle n'accepte pas la conduite de son père : elle voue de le trouver.

(j) A la frontière je .... (Perfect) de ma voiture; je .... (Perfect) mon passeport et je .... (Perfect) l'arrivée de la police. Une heure plus tard, je .... (Perfect) dans un pays de merveilles.

MOODS

61 The subjunctive [473–506]

(1) Identification
For each underlined form, state the tense and the reason for use of the subjunctive.
Example: Le professeur expérimenté s'exprime de sorte que sa classe _puisse_ le comprendre. → present; purpose

(a) C'est l'année la plus fertile que le continent _ait connue_ depuis longtemps.

....

(b) Imaginez-vous qu'une telle femme _puisse_ devenir un jour le chef de gouvernement de ce pays?

....

(c) Qui l'_eût cru_? Elle a gagné le Prix Nobel à l'âge de 35 ans!

....

(d) Je souhaite que vous ne _disiez_ rien, pour que personne ne le _sache_.

....

(e) J'ai été absolument bouleversé qu'elle _ait parlé_ ainsi et je le lui ai dit.

....

(f) Le P-DG démissionne : le conseil d'administration ne s'oppose pas à ce qu'il _parte_.

....

(g) Ma conscience ne permet pas que je me <u>taise</u> : c'est moi qui ai volé l'argent.

....

(h) L'homme était immense : en levant le bras il <u>eût touché</u> le plafond.

....

(i) Il aura suffi qu'<u>éclate</u> l'affaire des faux bons pour que l'entreprise <u>fasse</u> faillite.

....

(j) Le roi ne crut pas que la reine le <u>défiât</u>.

....

(2) Translating the subjunctive
Translate the underlined verb forms and their subjects (and complements if necessary) from exercise (1) above. What conclusions do you reach about subjunctive equivalents in English?
Example: Le professeur expérimenté s'exprime de sorte que sa classe <u>puisse</u> le comprendre → that his class <u>can</u> understand him.

(a) ....

(b) ....

(c) ....

(d) ....

(e) ....

(f) ....

(g) ....

(h) ....

(i) ....

(j) ....

(3) Rephrasing
Rephrase the sentences below, using the expression in brackets, and making all necessary changes.
Example: Elle a beau plaider non-coupable; elle n'obtient pas de clémence. (bien que)
            Bien qu'elle ait plaidé . . .

(a) On peut demander aux hôpitaux au moins de ne pas propager la maladie. (le moins que)

....

(b) Quel dommage : il n'a pas réussi sa sauce hollandaise. (il est dommage que + CHANGE TO PASSIVE)

....

(c) Les démocrates doivent s'asseoir autour d'une table et faire les réformes. (il faut que)

....

(d) Ce jour-là les 5 détenus avaient réussi à prendre la fuite avant d'être tous rattrapés. (avant que)

....

(e) Lors d'une grève à l'aéroport, un accord a été conclu entre un groupe de voyageurs et les grévistes, mais l'avion n'a pas décollé. (bien que)

....

....

(f) Elle décide d'adopter l'enfant et de le rendre à sa mère qui doit l'allaiter et l'élever jusqu'à son adolescence. (afin que)

....

....

(g) Est-ce qu'elle a profité de sa connaissance du marché? Oui, c'est possible. (il est bien possible que)

....

....

(h) Il est mort lors d'un voyage aux Indes; personne ne connaît le lieu de son enterrement. (sans que)

....

....

(i) Nous vous offrons dix modèles différents; ainsi, aucun besoin ne sera oublié. (pour que)

....

....

(j) Si l'on continue à expérimenter le nouveau vaccin, il est très probable que l'on trouvera un remède. (pourvu que)

....

....

62 May, might, must, ought, should, would [507–13]

(1) Translating English modals
Translate into French the underlined sections of the following sentences.
Example: He may have done it.
       Il a pu le faire.

(a) PISCES: A friendship might prove expensive: someone may be encouraging you to waste money. Not a good week for betting!

....

....

(b) I should have said something a long time ago: it is too late now.

....

(c) My daughter would like to learn Russian, but there is no teacher at her school.

....

(d) If you want to become an astronaut, you must be highly intelligent and physically fit.

....

(e) Nowadays, a graduate ought to be computer-literate.

....

(f) However experienced one may be, it is never too late to learn something on the stock market.

....

(g) I'm not surprised: he would insist on taking the train.

....

(h) The life of a nun must be very difficult.

....

(i) If I won the lottery, I should like to give all my money to charity.

....

(j) Might I interest you in our special offer on the new model?

....

63 The imperative [514–17]

Recipe
(i) Change the underlined infinitive forms to the imperative (second person plural).
Example: Saupoudrer de farine → Saupoudrez

Gâteau au yaourt

   1 pot de yaourt naturel   4 pots de farine pour gâteaux
   2 pots d'huile   3 œufs entiers
   3 pots de sucre
   1 cuillerée à café de parfum (rhum, cointreau . . .)

(a) <u>Mettre</u> le four à chauffer 5 minutes avant la préparation.

....

(b) <u>Verser</u> tous les ingrédients dans le bocal.

....

(c) <u>Mixer</u> en vitesse 2 pendant 30 secondes.

....

(d) <u>Verser</u> dans un moule beurré.

....

(e) <u>Faire cuire</u> pendant une heure et demie au four moyen (<u>ne pas ouvrir</u> le four).

....

(ii) Over to you!

(a) Write down your favourite recipe for a French friend.

....

....

....

....

....

....

....

....

(b) Find some recipes in French magazines. Are the instructions given using the imperative or the infinitive? If cooking does not interest you, make a survey of French instruction leaflets for electrical appliances (most goods come with instructions in a variety of languages).

....

....

....

....

....

....

....

....

(2) Giving orders

Rewrite these sentences, replacing the verbs in brackets with the imperative, infinitive, subjunctive or future as appropriate. Make further modifications as necessary: position of object pronouns [204, 207], omission of subject pronoun, appropriate reflexive pronoun . . .

Example: Nous [PARTIR] tout de suite.
                  Partons tout de suite.

(a) Tu ne [TUER] pas; tu ne [COMMETTRE] pas d'adultère; tu ne [VOLER] pas.

....

(b) Vous [S'ABONNER] à notre magazine et vous [RECEVOIR] le cadeau de votre choix. Vous [REMPLIR] vite ce bon d'abonnement ci-dessous et vous le [ENVOYER] à l'adresse suivante.

....

....

(c) Vous ne [SE PENCHER] pas au dehors.

....

(d) Nous ne [ÊTRE] pas dupes : des éléments subversifs se sont infiltrés dans l'organisation.

....

(e) Je ne réussis pas à ouvrir ce bocal : toi, tu le [FAIRE].

....

(f) «Madame, l'ambassadeur vient d'arriver.»
    «Il [REVENIR] demain!»

....

(g) Vous [METTRE] le beurre dans une casserole; vous le [FAIRE FONDRE]; vous y [AJOUTER] les poireaux lavés et coupés en morceaux.

....

....

(h) Si tu veux vraiment avoir un beau jardin, tu le [FAIRE]!

....

(i) Quand vous aurez rédigé le rapport, vous me le [DIRE], n'est-ce pas?

....

(j) Nous ne [AVOIR] pas peur de la technologie.

....

64 The complement of verbs [518–38]

(1) Verbs and prepositions
Place the appropriate prepositional complement after the infinitive: either *à*, *de*, *en* or none.
Example: menacer → de

(a) convenir   ....
(b) jouer   ....
(c) approuver   ....
(d) croire   ....
(e) ressembler   ....
(f) demander   ....
(g) charger   ....
(h) s'apercevoir   ....
(i) trembler   ....
(j) tenir (= take after) ....

(2) Over to you!
Make up a sentence for each of the verbs in exercise (1) above.
Example: menacer de: Il a menacé quelqu'un d'un couteau.

(a) ....

(b) ....

(c) ....

(d) ....

(e) ....

(f) ....

(g) ....

(h) ....

(i) ....

(j) ....

(3) Matching: verbs and noun complements [519–27]
Match a sentence beginning from list **A** with an appropriate sentence ending from list **B**, inserting an appropriate preposition (*à*, *de* or none) between the two halves as necessary.
Example: No. 1 from list **A** goes with *à* and E from list B → Il a emprunté 500 francs à sa sœur. (Write your answer as 1 à E.)

A

1 Il a emprunté 500 francs
2 L'un des principaux problèmes des jeunes de la banlieue vient
3 Cette demeure a une histoire fascinante : un marquis a habité
4 Au café «Le Provençal», les hommes jouent
5 Si vous vous rendez en Grèce, il faut profiter au maximum
6 Lors de votre visite au Mexique, il vaut la peine d'assister
7 Notre intention n'est pas de donner
8 Selon les témoins, l'accusé sortit une grenade
9 En comparant les différentes versions, on peut arriver
10 A l'occasion de notre mariage, nous étions comblés

B

A les lieux, avant de laisser la maison à la mairie de Paris.
B des danses folkloriques.
C ces actions plus d'importance qu'elles ne méritent.
D la vérité.
E sa sœur.
F la perte d'autorité de l'école.
G votre séjour.
H le poker en buvant du café turc.
I sa poche.
J cadeaux.

....

....

(4) Matching verbs and infinitive complements [528–38]
Same instructions as exercise (3) above.

A

1 Tout au long de l'entretien, le juge cherchait
2 Tous les appartements donnent sur une cour; en se penchant on peut
3 Quelques jours après, je reçus une lettre de ma cousine qui m'invitait
4 Ce diplôme va me permettre
5 Après l'opération elle a passé les trois premiers jours
6 Il prêta l'oreille : de nouveau le bruit se fit

7 Après tous ces événements, j'ai commencé

8 Quand on parle de la grossesse, on oublie souvent

9 Ce petit livre peut servir

10 Malgré la victoire spectaculaire du parti, il reste beaucoup

B

A me rendre à Lille.

B entendre dans le couloir.

C vous faire comprendre l'histoire turbulente de ce peuple.

D savoir par quel moyen l'accusé avait échappé à la justice pendant si longtemps.

E écouter la radio tout au long de la journée.

F faire pour relancer l'économie.

G prendre en considération les sentiments paternels.

H apercevoir des cactées et des fleurs d'oranger.

I dormir.

J trouver un poste comme correctrice d'épreuves.

....

....

(5) Translating verbs used in various constructions with various meanings [538]
Translate the following sentences into English, and state whether the underlined
verb use is transitive (T), intransitive (I) or reflexive (R).

Example: Attends un moment, je vais me <u>changer</u>.
            Wait a minute, I'm going to get changed. (R)

(a) Le comte <u>approcha</u> le verre de ses lèvres, et but une petite gorgée de champagne.

....

....

(b) C'est l'histoire d'un professeur anglais qui <u>change</u> sa place contre celle d'un
     collègue américain.

....

....

(c) Dans de tels cas, c'est le conseil d'université qui <u>décide</u> de la remise de
     diplômes.

....

....

(d) C'est à Trevor Baylis que l'on <u>doit</u> l'invention de la radio à manivelle.

....

....

(e) Oui, tout est là : mes clés, mon porte-monnaie, mon agenda : rien ne <u>manque.</u>

....

....

(f) J'en <u>viens</u> à la conclusion de mon exposé . . .

....

....

(g) Le Petit Chaperon rouge s'<u>approcha</u> du lit de sa grand-mère.

....

....

(h) Le voyage était assez dur : j'ai dû <u>changer</u> à Amsterdam.

....

....

(i) La chute du Mur de Berlin l'<u>a décidé</u> à démissionner.

....

....

(j) Il faut que tu y ailles : c'est un film à ne pas <u>manquer!</u>

....

....

65 Idioms with *avoir, être, faire* [539−41]

(1) Sentence generation
Make a sentence with each of the following idioms and phrases, and translate
into English.
Example: avoir tort: Les parents n'ont jamais tort.
                      Parents are never wrong.

A   AVOIR
(a) avoir raison

....

(b) il y a

....

(c) avoir affaire à

....

(d) avoir besoin de

....

(e) avoir _ ans

....

(f) avoir un mouvement de

....

(g) n'avoir qu'à

....

(h) avoir l'air

....

(i) avoir faim

....

(j) avoir pitié de

....

B   ÊTRE

(a) y être

....

(b) en être à

....

(c) est-ce que

....

(d) en être pour sa peine

....

(e) toujours est-il que

....

(f) être à

....

(g) être pour/contre

....

(h) comme si de rien n'était

....

(i) il est + adjective

....

(j) c'est + noun

....

C   FAIRE

(a) faire beau

....

(b) faire attention

....

(c) faire semblant de

....

(d) faire part à quelqu'un de quelque chose

....

(e) se faire + infinitive

....

(f) faire + infinitive

....

(g) faire + adjective

....

(h) se faire des idées

....

(i) faire + noun

....

Sentence Structure and Word Order

66 Position of adverbs [633–43] [see also 25, 40 above]

(1) In the following examples can the adverb underlined be placed elsewhere in the sentence without changing the meaning?

(a) Les loyers sont restés <u>pratiquement</u> stables en 1997.

....

(b) Le travail au noir est <u>souvent</u> avantageux pour vous et pour votre patron.

....

(c) La proportion d'adultes obèses atteint <u>parfois</u> 40 à 50%.

....

(d) Cette émission nous permet de <u>mieux</u> comprendre le nationalisme.

....

(e) On se demande si Elvis Presley est <u>vraiment</u> mort.

....

(f) Pierre Rosenberg dirige <u>depuis 1994</u> le musée du Louvre.

....

(g) On a demandé aux chauffeurs de taxi de conduire <u>plus prudemment</u>.

....

(h) Ce film fait le portrait d'une femme <u>complètement</u> isolée dans un univers masculin.

....

(i) Les jobs intermittents entrent <u>également</u> dans la catégorie du travail à temps partiel.

....

(j) C'est l'histoire d'un homme qui avait <u>beaucoup</u> voyagé et qui avait <u>toujours bien</u> mangé partout où il était allé.

....

....

(2) Complete the following sentences by adding the adverbs given in brackets in an appropriate place. (There may be more than one possibility in some cases.)

(a) La coopération entre Israël et les Américains avait cessé. (pratiquement)

....

(b) Nos tarifs vont rester stables. (pratiquement, cette année)

....

(c) La situation n'a évolué que dans les années 90. (véritablement)

....

(d) Le pauvre homme avait l'air triste. (profondément)

....

(e) Il n'avait pas l'intention de tuer sa femme. (absolument)

....

(f) «Votre mari vous a trompée?» questionna le détective. (déjà, astucieusement)

....

(g) Je n'ai pas mangé (très bien) et je suis parti. (tôt, le lendemain matin)

....

(h) «Comme il fait beau (tellement), si on allait nous coucher?» (dehors)

....

(i) Mes parents m'ont donné un cadeau. (à Noël, toujours)

....

(j) Les vacances en famille c'est relax. (en Touraine, vachement)

....

(k) Près de 5% des chiens sont abandonnés par leurs maîtres. (malheureusement)

....

(l) Le 15 août les quotidiens nationaux paraîtront. (normalement)

....

(3) Add the following adverbial expressions to this description of Paris in the 1950s:

En ce temps-là	**bien**	**religieusement**
enfin	**goulûment**	**tous les matins**
essentiellement	**doucement**	**complètement**

(i)............. , un cortège de Vespa faisait escorte à Martine Carol qui prenait des poses dans son cabriolet Chrysler. *Autant en emporte le vent* était (ii).............. projeté sur les écrans parisiens. Les taxis appartenaient (iii).............. à la compagnie G7. On écoutait (iv).............. la TSF. On dévorait (v)............. les souvenirs du duc de Windsor. Les compagnons de la chanson entouraient la silhouette (vi)............. frêle d'Edith Piaf comme de grands scouts. Maurice Chevalier faisait son footing (vii)............. au bois de Boulogne ... Paris n'était pas (viii)............. redevenu une fête, mais la concierge, le boulanger, le violiniste des rues, la vendeuse de grand magasin, tout ce kaléidoscope de silhouettes anonymes (ix)............. reprenait goût à la vie.

(Adapted from an article in *L'Événement du jeudi*)

67 Negation [542–80] [see also 50 above]

(1) The negative expressions and their place in the sentence [542–52]

(i) Add the negative expression given in brackets, making any other changes when necessary:

(a) Ils veulent venir nous voir. (ne . . . pas)

....

(b) Il a eu l'intention de créer sa propre entreprise. (ne . . . jamais)

....

(c) J'ai eu des regrets. (ne . . . pas)

....

(d) Les Nations unies sont autorisées à enquêter sur les droits de l'homme en Afrique. (ne . . . plus)

....

....

(e) La police intervient en cas de bagarre. (ne . . . que)

....

(f) La situation a véritablement évolué dans les années 90. (ne . . . que)

....

(g) Le Premier ministre avait pris soin de faire des promesses qu'il pourrait honorer. (ne . . . aucune)

....

....

(h) J'ai pensé à ça. (ne . . . jamais)

....

(i) Une mesure visant à restreindre la circulation automobile est envisagée. (aucune . . . ne)

....

....

(ii) Make the following negative:

(a) C'était ma faute.

....

(b) Tu y vas?

....

(c) Elle a les cheveux blonds.

....

(d) Vous avez des bonbons?

....

(e) Elle a vu quelque chose?

....

(f) Paris m'a toujours plu.

....

(g) Vous jouez toujours au tennis?

....

(h) Quelque chose vous est arrivé?

....

(i) Il nous est arrivé quelque chose de très intéressant.

....

(j) Le gouvernement a fait quelque chose pour les pauvres.

....

(k) Vous avez quelque chose d'autre?

....

(l) Je veux voir quelqu'un d'autre.

....

(iii) Reply in the negative, using the expression given in brackets and making any other changes, where necessary:

(a) La mer vous manque? (ne . . . pas)

....

(b) Vous avez des regrets? (ne . . . pas)

....

(c) Vous avez toujours aimé la nature? (ne . . . jamais)

....

(d) Vous vous êtes toujours intéressé(e) à l'environnement? (ne . . . jamais)

....

(e) Vous l'avez toujours beaucoup aimé(e)? (ne . . . jamais . . . du tout)

....

(f) Quelqu'un va essayer de le faire? (ne . . . personne)

....

(g) Quelqu'un aurait pu le faire? (ne . . . personne)

....

(h) Le gouvernement a fait quelque chose pour les pauvres? (ne . . . rien)

....

(i) Tu l'aimes encore? (ne . . . plus)

....

(j) Vous avez trouvé vos amis à l'hôtel? (ne . . . nulle part)

....

(k) Cela a de l'importance? (ne . . . aucune)

....

(l) L'obésité est une fatalité? (ne . . . nullement)

....

(iv) Add the negative expression given in brackets so that it qualifies the verb in the infinitive:

(a) J'étais très content(e) de rencontrer mon ex au bal. (ne . . . pas)

....

(b) La princesse a décidé d'y aller. (ne . . . pas)

....

(c) Tu as l'intention de sortir ce soir? (ne . . . pas)

....

(d) On vous conseille de rentrer (ne . . . jamais) aux États-Unis.

....

(e) J'ai choisi d'y aller. (ne ... plus)

....

(f) Il semble vouloir partir. (ne ... aucunement)

....

(g) La Banque de France a décidé de modifier sa politique monétaire. (ne ...
pas)

....

(2) *Ne ... que* and *ne pas ... que* [553]

Rewrite the following sentences using *ne ... que* or *ne pas ... que* as appropriate:

(a) Seul l'argent compte dans cette vie.
→   Ce n'est ....
(b) La seule personne à qui j'ai dit la vérité, c'est ma meilleure amie, Florence.
→   Je n'ai dit la vérité ....
(c) Il néglige sa femme, aussi bien que ses enfants, ses parents et ses amis.
→   Il ne néglige .... sa femme.
(d) Cette entreprise n'est pas la seule à faire faillite.
→   Il n'y a ....
(e) Il est le seul à rater le bac.
→   Il n'y a ....

(3) Multiple negatives [555]

Translate into French:

(a) I have never stolen anything.
(b) I have never liked any of his records.
(c) She tried never to say anything hurtful to anyone.
(d) Nothing ever pleases her.
(e) Nobody wants to do anything new.
(f) She says that she has never loved anybody.
(g) I never go there any more.

(a) ....

(b) ....

(c) ....

(d) ....

(e) ....

(f) ....

(g) ....

(4) Colloquial v. formal usage [556]

Give the more formal, written forms of the following sentences here given in colloquial/spoken form:

(a) T'es pas content?
(b) T'es sûr que t'as rien perdu?
(c) C'est pas vrai qu'il veut jamais sortir avec moi.
(d) Y a pas beaucoup de monde ce soir.
(e) Le théâtre, ça sert à rien.

(a) ....

(b) ....

(c) ....

(d) ....

(e) ....

(5) Negation without *ne* [557–8]

Fill in the gaps using the following expressions, some of which may be used more than once:

aucun(e)
jamais
pas (du tout)
personne
rien

(a) «Tu peux me prêter 1 000 FF?» «Absolument ....»
(b) «Qui vous a dit de venir me voir?» «............... .»
(c) «Il y a quelque chose qui ne va pas?» «............... .»
(d) «Vous avez des projets de voyages?» «............... .»
(e) Elle est partie sans .... dire à .... et sans que ....
la voie sortir de la maison.
(f) J'ai aimé mon troisième mari plus que .... autre homme.
(g) «Qui a pris ma clé? Toi, Josef?» «Ah non, ... moi.»
(h) Si .... vous allez à Paris, il faut surtout aller voir la Sainte Chapelle.
(i) Avez-vous .... lu de si amusant?
(j) «Tu es contente?» «............... .»
(k) Le professeur lui avait demandé de dire '*I'm sorry*' en français. ....
de réponse.
(l) «Cet homme qui s'en va, il ne vous a jamais parlé?» «............... .»

(6) *Ne* alone? [559–61]

(1) Are the following sentences possible in French?

(a) Il ne cesse de parler.
(b) Je connais son nom, mais je n'ose le dire.
(c) Je la vois souvent, mais elle n'ose m'adresser la parole.
(d) Maintenant vous êtes seul, vos amis ne peuvent vous aider.
(e) Elle l'adore, mais elle ne sait pourquoi.
(f) Mes parents ne savaient quelle décision prendre.
(g) Qui ne reconnaît l'importance du Président de la République française dans cette affaire?
(h) Quel homme politique n'est ambitieux?
(i) C'est sa troisième femme, si je ne me trompe.
(j) Ce n'est pas qu'il ne fasse ses devoirs, mais que ses réponses sont toujours fausses.

(a) ....
(b) ....
(c) ....
(d) ....
(e) ....
(f) ....
(g) ....
(h) ....
(i) ....
(j) ....

(2) Translate into French:

(a) The ring was wonderful, but she couldn't accept it.
(b) The children dare not ask for more money.
(c) What woman would not be proud of a son like him?
(d) It's not that he's not hardworking but that he is stupid.
(e) He didn't know which road to take.

(a) ....
(b) ....
(c) ....
(d) ....
(e) ....

(7) *Ne* not negative? [562–7]

Add *ne* in the appropriate place in the following sentences and translate them into English:

(a) Il est moins intelligent qu'il le croit.
(b) Elles ont plus d'argent qu'en avaient leurs parents.
(c) Je crains qu'elle arrive en retard.
(d) Doutez-vous qu'elle réussisse?
(e) Il embrasse toujours sa mère avant qu'elle parte pour aller à son bureau.
(f) Cette entreprise va faire faillite à moins que sa banque vienne à son aide.
(g) Vingt ans se sont écoulés depuis que nous nous sommes vus.

(a) ....
     ....
(b) ....
     ....
(c) ....
     ....
(d) ....
     ....
(e) ....
     ....
(f) ....
     ....
(g) ....
     ....

(8) Neither . . . nor [571]

Rewrite the following in the negative:

(a) La police a arrêté les garçons et les filles.
(b) Philippe et Jean sont très amis avec Jérôme.
(c) Madame Saint-Paulain a dit que son fils qui travaille au Japon, lui avait écrit
     et lui avait envoyé un cadeau.
(d) Son père avait tout appris et tout oublié.
(e) Je peux prêter mon vélo ou bien à Jeanne ou bien à Louise.
(f) Je suis responsable de la production et de la distribution de ce magazine.

(g) Je vais passer plus de 3 mois à Bordeaux et plus de 3 mois à Toulouse.

(h) Il a promis de venir ou bien dimanche ou bien lundi matin.

(i) Cet étudiant est très travailleur, et sa sœur aussi.

(j) Je vais souvent à Paris. Mes parents aussi.

(k) J'aime la guerre et le terrorisme.

(a) ....

(b) ....

(c) ....

(d) ....

(e) ....

(f) ....

(g) ....

(h) ....

(i) ....

(j) ....

(k) ....

(9) Negation of other than a verb [572–80]

Add *non* or *que non* or *mais non* or *non pas* or *pas* as appropriate. (There may be more than one possibility in some cases.)

(a) «Vous n'êtes pas d'accord avec le contrat, n'est-ce pas?» «.............. , il me convient parfaitement.»

(b) «Tu as été chanteur. Tu es maintenant acteur. Tu vas refaire de la musique?» «Je crois .... Je préfère faire du théâtre.»

(c) «Gagner beaucoup d'argent, ça a beaucoup d'importance pour vous?» «Nous avons déjà dit ....»

(d) «.............. Il doit passer son examen .... jeudi mais vendredi.»

(e) Je vais me marier avec Jean-Luc, ... qu'il soit riche, mais parce que je l'aime.

(f) Riche ou .... , il ne me plaît pas.

(g) Les Britanniques prétendent que cela serait la meilleure chose à faire, les autres pays européens ....

(h) Que ce soit elle ou .... , cela n'a pas d'importance.

(i) Le professeur était très en colère et .... content du tout de ses élèves.

(j) Ma mère habite toujours .... loin de la maison où elle est née.

(k) Sur la note, on lisait ces mots: Service .... compris.

(l) Aujourd'hui, c'est le 29. Ce billet est donc .... valable.

68 Interrogatives (direct and indirect) [581–95]

(1) Complete the following chart concerning the different ways of asking questions:

Intonation	Est-ce que ...	Inversion
E.g. Vous voulez rire?	Est-ce que vous voulez rire?	Voulez-vous rire?
(a) Vous n'avez pas de regrets?		
(b)	Est-ce que vous êtes innocent?	
(c)		Comment t'appelles-tu?
(d) C'est la bonne décision?		
(e) Ces deux hommes se connaissent?		
(f)	Est-ce que les Français sont égoistes?	
(g)		Savez-vous ce qu'il a fait?
(h) Les top models sont des femmes?		
(i)	Est-ce que tu aimes les groupes américains?	
(j)	Est-ce qu'il y a autre chose que vous voulez ajouter?	
(k) Ces enfants appartiennent à qui?		
(l) Combien il y a de pièces dans cette maison?		
(m)		Que reste-t-il à faire?

(n)	Qu'est-ce que vous proposez pour changer ce système?	
(o) Les Américains jouent à quoi?		
(p)	Pourquoi est-ce que cet album s'appelle *Soul Assassins*?	
(q)		De quoi cet homme est-il responsable?
(r) Et la réponse du gouvernement a été encourageante?		
(s)	Est-ce qu'il est difficile de plaire à tout le monde?	

(2) Reformulate the following questions so as to give them a more oral (less formal) character:

(a) Est-ce que vous m'entendez?
(b) Où va ta mère?
(c) Que fait votre père?
(d) Qui est-ce que vous aimez?
(e) Pourquoi a-t-il dit cela?
(f) Pendant combien de temps mes enfants vont-ils travailler en France?
(g) A quelle heure du matin ta mère est-elle partie?
(h) Pourquoi avez-vous dit cela?

(a) ....

(b) ....

(c) ....

(d) ....

(e) ....

(f) ....

(g) ....

(h) ....

(3) Reformulate the following questions so as to give them a more formal (written) character:

(a) Qu'est-ce que vous avez dit?

(b) Vous n'avez pas eu l'impression que Marie-Laure est souvent triste?

(c) Tu vas voir qui?

(d) Comment est-ce que vous le savez?

(e) Cette route va nous mener où?

(f) Vos parents ne vous ont jamais donné de cadeaux?

(a) ....

(b) ....

(c) ....

(d) ....

(e) ....

(f) ....

(4) Compose the questions (in as many forms as possible) that could be given the following answers:

(a) J'arrive à Londres jeudi.

(b) Je l'aime depuis toujours.

(c) Je le sais parce que mon professeur me l'a dit.

(d) Ça sert à rien.

(e) Non, il y avait très peu de monde.

(f) Mais si, j'adore votre nouvelle robe.

(a) ....
....

(b) ....
....

(c) ....
....

(d) ....
....

(e) ....
....

(f) ....
....

(5) Compose the questions in formal (written) style (without using *est-ce que*) to which the following answers could be given:

(a) Mais oui, c'est un ami.
(b) Non, mon frère n'est pas marié.
(c) On ramasse les ordures à 6 h du matin.
(d) Mon oncle est venu chez moi à pied.
(e) Si, je l'aime beaucoup.
(f) Je suis là depuis 2 heures.

(a) ....

(b) ....

(c) ....

(d) ....

(e) ....

(f) ....

(6) Change the following into indirect questions, starting each time «*Je me demande ...*» and making any other necessary changes:

(a) C'est vrai?
(b) Est-ce qu'elle est plus jeune que moi?
(c) Était-il vraiment heureux de me revoir?
(d) Qui est-ce qu'elle aime?
(e) Où est-ce que son père est né?
(f) Pourquoi Philippe n'a-t-il pas téléphoné?
(g) Depuis combien de temps êtes-vous là?
(h) Quand est-ce que votre sœur sera de retour?

(a) ....

(b) ....

(c) ....

(d) ....

(e) ....

(f) ....

(g) ....

(h) ....

(7) Put the following sentences into indirect style:

(a) On se demande toujours: «Est-ce la faute aux parents?»

(b) Le nouveau salarié demande à Jean: «C'est vous le patron?»

(c) Le professeur nous a demandé: «Avez-vous fini?»

(d) Aujourd'hui il est important que l'on demande aux scientifiques: «Toute forme de vie ne doit-elle pas être considérée comme sacrée? Et jusqu'où l'homme a-t-il le droit de modifier le cours de la nature?»

(e) L'agent de police nous demande: «Qui êtes-vous? Qu'est-ce que vous faites là?»

(f) J'avais demandé au fermier: «Qu'est-ce qui pousse dans ce champs-là?»

(a) ....

(b) ....

(c) ....

(d) ....

....

....

(e) ....

(f) ....

(8) Change the indirect questions in the following sentences into direct questions: find at least two different versions of the question each time.

(a) Elle a voulu savoir qui j'étais.

(b) Mon père me demande chaque fois si mon frère ne travaille pas trop.

(c) Ma mère ne s'est jamais demandé pourquoi ma sœur est partie à 7 heures du matin.

(d) Tous les fans voulaient savoir ce que leur idole allait chanter.

(e) Je me demandais où se cachaient mes frères.

(f) Dieu sait ce que je vais faire.

(a) ....

....

(b) ....

....

(c) ....

....

(d) ....

....

(e) ....
....
(f) ....
....

69 Inversion [596–601]

(1) Starting with the words given, rewrite the following sentences making the appropriate changes of word order:

(a) Le Président de la République habite à l'Élysée.
→ C'est à l'Élysée ....
(b) L'élève a répondu qu'il ne savait pas.
→ «Je ne sais pas,» ....
(c) Est-ce que vos parents ont acheté cette maison?
→ Vos parents ....?
(d) C'est peut-être Michel qui l'a fait.
→ Peut-être ....
(e) Ma mère me demande si je l'aime.
→ «Tu m'aimes, n'est-ce pas, chérie?» ....
(f) Vos enfants ont peut-être des projets de voyage.
→ Peut-être ....

(2) Rewrite with inversion of subject and verb those sentences below where this is possible:

(a) Mes parents habitent à Paris.
(b) Ma sœur a acheté sa robe à Londres.
(c) Jacques Chirac a été élu Président de la République en 1995.
(d) Je n'avais pas lu le roman dont mon professeur parlait.
(e) Malheureusement je ne comprends jamais ce qu'il veut dire.
(f) Vous savez de quoi il s'agit?
(g) Il paraît que les Britanniques n'ont pas gagné de médailles d'or.

(a) ....
(b) ....
(c) ....
(d) ....
(e) ....
(f) ....
(g) ....

(3) Rewrite the following sentences, placing the expression given in brackets first in the sentence:

(a) On a raison de critiquer le ministre. (Peut-être)
(b) Le ministre nous a menti. (Peut-être)
(c) Cette crise de la société va de pair avec la crise économique. (Sans doute)
(d) Jean achève ses études à Paris et il a trouvé un emploi intéressant en Italie. (A peine)
(e) A partir du 1ᵉʳ janvier il sera interdit de fumer dans les cafés, restaurants, etc. aussi bien que dans les établissements scolaires et médicaux. L'espace vital des fumeurs qui souhaitent persister dans leur coupable attitude se trouvera considérablement réduit. (Aussi)
(f) J'ai fini mon travail et Louise est arrivée. (A peine)
(g) Pierre n'aime plus sa femme. (Peut-être)
(h) La situation devient très grave. Les Nations unies devraient s'occuper de la question. (Aussi)

(a) ....

(b) ....

(c) ....

(d) ....

....

(e) ....

....

....

....

(f) ....

(g) ....

(h) ....

....

(4) Translate into French:

(a) That's where my parents lived and that's where I first met Sophie.
(b) 'How did you do it?' he asked. 'I don't know,' she replied.
(c) I was not able to find a job and so I had to live with my parents.
(d) Scarcely had he returned from the United States when his sister decided to get married.
(e) Perhaps the richer countries have a duty to give aid to the poorer ones.

(a) ....

(b) ....

(c) ....

(d) ....

(e) ....

70 Dislocation, fronting, emphasis [602]

(1) Is there any difference (in meaning or emphasis or level of formality) between the following? Say the English translation out loud to bring out differences where they exist.

(a) (i)   Êtes-vous prêts?
    (ii) Êtes-vous prêts, vous?

....

....

(b) (i)   Les enfants sont avec moi.
    (ii) Ce sont les enfants qui sont avec moi.

....

....

(c) (i)   J'adore mes enfants.
    (ii) Mes enfants, je les adore.
    (iii) Mes enfants j'adore.

....

....

....

(d) (i)   Moi j'aime bien Bernard.
    (ii) J'aime bien Bernard moi.
    (iii) Bernard je l'aime bien.

....

....

....

(e) (i)   Je ne suis jamais allé aux États-Unis.
    (ii) Je n'y suis jamais allé, aux États-Unis.
    (iii) Je ne suis jamais allé aux États-Unis, moi.

....

....

....

(2) Rewrite the following sentence so as to emphasize **each** element in turn:

Je suis en train de lire ce magazine.

(i)   ....

(ii) ....

(iii) ....

(iv) ....

(3) Rewrite the following sentences so as to emphasize the element underlined:

(a) La plupart des Français préfèrent la maison individuelle.
(b) Je n'ai jamais rien volé.
(c) Je n'ai jamais vu une si belle fille.
(d) Cette maison m'appartient.
(e) Mes parents ont acheté cette maison.
(f) Les familles modestes ne vivent pas dans une telle maison.
(g) Cela est difficile à faire.
(h) Vous connaissez cet homme qui s'en va?

(a) ....

(b) ....

(c) ....

(d) ....

(e) ....

(f) ....

(g) ....

(h) ....

(4) Translate into French, ensuring you get the emphasis/level of formality right:

(a) Have you asked Simone? She knows everything.
(b) I always have 17/20.
(c) I've only played twice since the end of January, as I've been very busy this year.
(d) I have no money, but I have two houses.

(e) I swore to be faithful and I have <u>kept</u> this oath.

(f) What are <u>you</u> going to do?

(a) ....

(b) ....

(c) ....

(d) ....

(e) ....

(f) ....

Prepositions

71 Prepositions [644–88]

(1) From the list in brackets, choose the appropriate preposition to fill in the gaps in the following sentences.

E.g. L'opinion générale était, ... les participants, nuancée. (**y compris / entre / parmi**)

L'opinion générale était, parmi les participants, nuancée.

(a) Les philosophes ne sont pas .... (**à cause de / au sujet de / au-dessus de**) tout soupçon.

(b) .... (**au / en / dans le**) printemps les marchands du Boulevard Saint-Laurent tiennent boutique dehors.

(c) Les pêcheurs ne sont pas prêts .... (**pour / à / de**) accepter que la station radio du Conquet soit remplacée .... (**de / par / en**) le système satellite Immarsat.

(d) L'Europe n'arrive que .... (**au / dans la / en**) quatrième position des préoccupations du Président, ... (**depuis / après / moyennant**) la santé, l'éducation et l'emploi et juste .... (**avant / sous / outre**) la sécurité.

(e) Il est .... (**hors / hormis / au-delà**) de question .... (**à / de / pour**) soutenir une faction .... (**avec / envers / contre**) une autre.

(f) Cet accident est le plus lourd .... (**de / en / avec**) pertes humaines jamais subi .... (**par / de / dans**) l'État, ... (**faute de / en dehors des / au sujet des**) combats.

(g) Il s'est métamorphosé .... (**à / en / dans**) homme politique; il a totalement changé .... (**en / de / par**) apparence et .... (**de / en / par**) discours.

(h) Pour 1997 FF .... (**sur / à / par**) mois, offrez-vous une vraie voiture de sport.

(i) .... (**contre / entre / sauf**) la peste et le choléra on ne choisit pas.

(j) L'accord a été obtenu .... (**lors de / chez / en**) une réunion du conseil consultatif .... (**à côté du / en face du / auprès du**) président de la République.

(2) Translate the following sentences into English, paying particular attention to the prepositions in bold:

E.g.   Le discours touchait **à** sa fin.

The speech was drawing to an end.

(a) Ils disaient avoir le sentiment qu'ils avaient défendu leur cause **auprès du** chef du gouvernement.

(b) Les choses s'empirent **dans** les hôpitaux, trois d'**entre** eux s'étant mis **en** grève **après** l'annonce de leurs budgets.

(c) On veut améliorer l'accès **au** parc HLM des familles **en** difficulté.

(d) Le président a placé l'amélioration du système éducatif **au centre de** ses préoccupations.

(e) Il a présenté le débat comme un choix **entre** deux philosophies, l'une vouée à l'échec, et la sienne, **en dehors de** laquelle, à l'en croire, il n'y a point de salut.

(f) **En** vente dans nos boutiques et **chez** les distributeurs agréés.

(a) ....

....

(b) ....

....

(c) ....

(d) ....

....

(e) ....

....

(f) ....

....

(3) Compose 5 sentences to include the following phrases (your sentence need not necessarily follow the order indicated).

E.g.   d'après des photos / du début du siècle / du bâtiment.

La restauration du bâtiment datant du début du siècle a été faite d'après des photos.

(a) par une grève / depuis lundi / transports en commun

....

....

(b) entre la police et des manifestants

....

....

(c) près de la moitié / dans cette ville / au chômage / par l'effondrement de l'industrie locale

....

....

....

(d) d'augmenter de 1% / contre la décision / en 1997

....

....

(e) depuis trente ans / dans une situation idéale

....

....

(4) Choose an appropriate preposition from the list below to complete the following sentences.

E.g.   Une tête bien pleine ne se façonne pas .... un ventre vide.
      Une tête bien pleine ne se façonne pas **avec** un ventre vide.

(a) .... 7 francs, ceux qui le souhaitent peuvent s'attabler ....
    un buffet copieux, servi le matin .... 7 heures et demie.
(b) Les recherches génétiques ont explosé .... la biologie moléculaire.
(c) Elle discutait .... ses amis .... une balade dans son quartier.
(d) La proportion de pauvres .... les moins de 30 ans a doublé
    .... dix ans.
(e) .... la moitié des Français ne paient pas d'impôt .... le
    revenu.
(f) Ce chapeau sera remplacé .... frais si jamais il s'use.
(g) Un quart de la population vit .... la pauvreté; le tiers n'a pas un
    dollar .... jour .... subvenir .... ses besoins.
(h) Le «collège des enseignants» a le pouvoir .... établir des normes
    de qualité et .... intervenir .... les enseignants
    incompétents.
(i) Il a accusé son ancien employé .... interpréter .... liberté
    et .... contexte les conversations tenues .... son bureau.
(j) Les meilleures méthodes .... initiation .... Internet vous
    sont proposées .... Cyberpresse.

**près de / par / de / par / lors de / sans / avec / dès / chez / grâce à /
à / de / pour / en / dans / sur / à / de / pour / de / avec / hors /
au sein de / auprès de / autour de**

(5) Compose 10 sentences, each to include one of the following prepositions:

**grâce à / dès / le long de / malgré / quant à / jusqu'à / autour de /
selon / à cause de / vers**

E.g.   **grâce à** → La victime a été identifiée **grâce à** ses empreintes digitales.

(a) ....

....

(b) ....

....

(c) ....

....

(d) ....

....

(e) ....

....

(f) ....

....

(g) ....

....

(h) ....

....

(i) ....

....

(j) ....

....

72 Government of verbs by prepositions [649]

(1) From the list beneath the sentences, choose the correct preposition and verb to fill in the blank. Then translate the entire sentence into English.

E.g. Au milieu des brochures on se débat .... la formule idéale.
      Au milieu des brochures on se débat **pour trouver** la formule idéale.

(a) Aucun projet qui se tient sur le plan économique et technologique ne sera
    empêché .... le jour faute d'aide gouvernementale.

    ....

    ....

(b) L'inconvénient de l'ère informatisée dans laquelle nous vivons, c'est que les
    gens se rencontrent de moins en moins .... leurs transactions.

    ....

    ....

(c) Soyez rassurés, les enfants n'auront pas .... une ou deux heures
    supplémentaires d'autobus scolaire.

    ....

    ....

(d) Opposé à un ordinateur, le champion du monde des échecs a fini ....
    la machine.

    ....

    ....

(e) Les jeunes mineurs commencent .... de petits délits et se font
    ramasser par la police.

    ....

    ....

**pour effectuer / par vaincre / par commettre / de voir /
à faire / pour trouver**

(2) Translate into French:

(a) Even before (*Avant même*) meeting the minister, the union rep had the feeling
    that he was going to lose the battle.

    ....

    ....

(b) He has adopted a strategy which consists of developing his international
    sales network.

    ....

    ....

(c) The sand prevents the sun's rays from destroying bacteria (*les bactéries*).

....

(d) Instead of going to the office, he went to the airport.

....

(e) Without knowing it, the Left has played a decisive role.

....

(f) After writing 34 books, he hopes to change old ideas (*les vieilles perceptions*).

....

(3) (i) Translate the following sentences into English.
E.g. Il doit son succès à son intelligence et à sa bonne volonté.
        His success is due to his intelligence and good will.

(a) Nous y allons chaque année en janvier et en août.

....

(b) Nous devons reconnaître la responsabilité de l'État dans la déportation et la mort de milliers de Juifs.

....

....

(c) La pollution vient de nous, de notre façon de vivre, de nous chauffer, de nous déplacer.

....

....

(d) Certains gaz affectent les asthmatiques, brûlent les yeux, provoquent des troubles chez les bébés ou les personnes âgées.

....

....

(e) Les syndicats de fonctionnaires appellent à une journée d'action, de grève et de manifestations.

....

....

(f) L'acier n'est pas seul à rouiller. Tous les métaux exposés à l'air et à l'humidité s'oxident.

....

....

(ii) Comment on the use of prepositions in the sentences, explaining why, in some cases, the preposition is repeated, while in others it is not.

E.g.   Il doit son succès à son intelligence et à sa bonne volonté.
   The prepositions **à**, **de** and **en** are almost invariably repeated before each item they govern.

(iii) Compose 4 sentences of your own, 2 to illustrate the need to repeat the preposition, and 2 to show where this is not necessary.

(a) ....

   ....

(b) ....

   ....

(c) ....

   ....

(d) ....

   ....

73 Meaning and use of prepositions [652–85]

(1) Write out the French equivalent of the following English phrases.
E.g.   On all sides → de tous côtés

(a)   for ever   ....
(b)   in the air   ....
(c)   with all my heart   ....
(d)   by heart   ....
(e)   with regret   ....
(f)   on average   ....
(g)   in the works of Balzac   ....
(h)   in this way   ....
(i)   in advance   ....
(j)   on time   ....
(k)   in broad daylight   ....
(l)   by birth   ....
(m)   in time   ....
(n)   from bad to worse   ....
(o)   per person   ....

(2) Translate the English phrase into French, taking particular care over the italicized prepositions.

E.g.   *Until* 1950, la France était un pays de paysans. → Jusqu'en 1950 . . .

(a) Des centaines de manifestants protestant contre des expropriations forcées **threw stones *at* the soldiers**.

....

(b) Les voleurs puisent leurs informations *from* **data banks**.

....

(c) Personne ne voulait retourner *in* **the rain**.

....

(d) Des chercheurs britanniques ont réussi à fabriquer Dolly à partir d'une cellule prélevée *from* **another sheep** (= *brebis*). C'est un clone.

....

(e) **One French person *in* four** vit en habitation à loyer modéré.

....

(f) ***In* eight years**, Cézanne peint une dizaine d'autoportraits.

....

(g) Les autorités n'ont fourni aucune explication *for* **their behaviour**.

....

(h) En un demi-siècle la demande mondiale en eau a été multipliée par trois, **consumption *per* inhabitant** a doublé.

....

(i) **[There is] nothing worse than** les secrets pour susciter la méfiance et activer les espions.

....

(j) Progressivement, à partir de 1949, l'immense majorité des Français découvrent la vérité *about* **the dark years of the past**.

....

(k) Des douaniers français avaient été détachés au port de Rotterdam, tandis que leurs homologues néerlandais s'installaient *for* **several months *in* Marseilles**.

....

(l) Certaines entreprises ne peuvent plus rembourser les sommes **borrowed** *from* **the bank**.

....

(m) La France rurale se dépeuple : les agriculteurs **are less and less numerous**. La campagne **attracts more and more** les gens des villes.

....

(3) Choose between **à / à + the definite article / en / dans + the definite article**
to fill in the blanks in the following sentences.

E.g.   Les touristes américains .... Angleterre se plaignent du rythme
exténuant des voyages organisés.
Les touristes américains en Angleterre . . .

(a) Les ailes de cet avion sont faites .... Japon, les moteurs ....
Allemagne, et les systèmes électriques .... Royaume-Uni. Le tout
est assemblé .... Toronto.

(b) Contrairement à d'autres groupes français qui jouent la carte de l'exportation,
nous poursuivons .... États-Unis une stratégie d'implantation.

(c) .... Havre, les employeurs de main d'œuvre du port ont signé avec
le syndicat des accords importants.

(d) Des imitations vendues à bas prix sont produites .... Asie du Sud-
Est, ou même .... Europe, comme .... Italie.

(e) .... Athènes (.............. Grèce), les voitures ne peuvent circuler
qu'un jour sur deux, ... Norvège il faut payer un péage à l'entrée
des villes, et .... Tokyo les taxis roulent au gaz.

(f) .... Texas, le taux de chômage est très élevé.

(g) Il y a des Canal+ .... Espagne, ... Belgique, ...
Allemagne, ... Pologne, ... Afrique francophone, et
demain .... Chili et .... Turquie.

(4) Explain the different meanings conveyed by the pronouns in bold in the
following pairs of sentences.

E.g.   (a) Il travaille **à** Paris depuis un an.
(b) Leur dernier train raté, elles se trouvaient seules **dans** Paris, la nuit,
sans argent.

(a) He has been working in Paris for a year. (b) Having missed their last train,
they found themselves alone at night in Paris, without money.
('In' or 'at' with the name of a town, regarded as a place where something is
situated or where some event takes place, is normally **à**. In (b), **dans** is used to
stress the idea of the town as an area, rather than as a point on the map.)

(1) (a) Depuis 1922 de plus en plus d'élèves se dirigent **vers** les filières
professionnelles.
(b) L'attitude des élèves **envers** leurs profs devient de plus en plus inquiétante.

(a) ....   (b) ....

(2) (a) Finalement, **devant** notre insistance, après une brève pause, il se lance
dans le débat.
(b) Il hésita, **avant** de se lancer dans le débat.

(a) ....   (b) ....

(3) (a) Certains disent avoir été torturés **par** la police lors de leur interrogatoire.
   (b) Il entra dans la cour, suivi **d**'un agent de police.

   (a) ....   (b) ....
(4) (a) Son magasin se trouvait **de l'autre côté** de la route.
   (b) Le nouveau système de câbles sous-marins à fibre optique relie directement 13 pays **à travers** 3 continents.

   (a) ....   (b) ....
(5) (a) Pour comprendre la situation, il faut remonter quarante ans **en arrière**.
   (b) La santé est la troisième préoccupation de l'opinion publique, **derrière** l'éducation et la criminalité.

   (a) ....   (b) ....

74 Prepositions used with adjectives and past participles [686–8]

(1) From the list beneath the exercise, choose the most appropriate adjective or past participle plus preposition to fill the gap. Remember to make the adjective or past participle agree where necessary.

E.g.   Voilà une image .... frapper les imaginations.
       Voilà une image **susceptible de** frapper les imaginations.

(a)   Une des chauves-souris des jardins botaniques a été retrouvée morte, porteuse d'un virus .... la rage et .... l'homme.
(b)   Qui est .... cet acte?
(c)   On est .... lire ce livre à la façon des Japonais, à rebours.
(d)   La carrière des hommes politiques est .... une immense croyance en eux-mêmes.
(e)   Les agents secrets vivent dans l'ombre de tous les États et sont .... missions parfois .... lois.
(f)   Les Français pourraient être .... payer une partie de l'addition.
(g)   De nombreux juges de province se disent .... thème de l'égalité devant la loi.
(h)   Nous ne pouvons pas décevoir la personne qui a fait l'effort d'entrouvrir notre porte. Nous devons être .... ses besoins.
(i)   Les experts sont .... l'état d'épuisement des ressources mondiales.
(j)   La législation était .... protéger les personnes et les biens menacés par le régime pour des motifs politiques ou raciaux.
(k)   On n'est pas .... ratifier sans conditions le choix de ce fonctionnaire nommé premier ministre.
(l)   Certains individus sont toujours .... jouer des divergences, voire des rivalités, entre «humanitaires».
(m)   Nous n'étions pas .... intervenir à n'importe quel prix.

(n) Ils se sont déclarés .... la promesse du gouvernement.

(o) L'appréciation continue de la monnaie américaine et la baisse des taux d'intérêt créent un environnement exceptionnellement .... l'économie française.

(p) Le gouvernement a de bons arguments à faire valoir pour défendre une «politique de la demande» .... relancer l'activité.

contraire aux / tenté de / contraint de / indifférent à / susceptible de / apte à / favorable pour / capable de / proche de / fait de / sensible au / curieux du / prompt à / inquiet de / responsable de / satisfait de / disposé à / transmissible à / chargé de / prêt à / destiné à / attentif à

Conjunctions

75 Identification and use [689–704]

(1) (i) Identifying conjunctions

In the sentences below, identify any conjunctions and state whether they are coordinating (C) or subordinating (S) [690–2].

Example: Il était très fatigué, car il travaillait depuis l'aube: car; C.

(a) Quand elle est revenue, nous l'avons tout de suite reconnue, mais elle n'était pas en forme.
(b) C'est entièrement sur ordinateur que la société a conçu la forme de son nouveau produit.
(c) Ma mère était pianiste et elle donnait des concerts de musique de chambre, tandis que mon père était toujours en voyage d'affaires.
(d) Il a vécu dix ans dans la banlieue de Paris mais il ne se sent pas français.
(e) Le soir, les femmes regardent des films à l'eau de rose en attendant que leurs maris rentrent du café.
(f) Si les journalistes avaient fait leur travail, ils auraient découvert que la plupart de ces jeunes veulent la même chose : la liberté d'être ce qu'ils sont.
(g) La victime a été violemment frappée, ainsi qu'une jeune femme qui tentait de s'interposer.
(h) Comme ils portent une bande verte sur le képi, on peut facilement identifier les auxiliaires de police.
(i) Cette demande de logement doit être adressée aux services municipaux du logement ou au maire.
(j) Edith Piaf a chanté : Non je ne regrette rien, ni le bien qu'on m'a fait ni le mal : tout cela m'est bien égal . . .

(a) .... (f) ....

(b) .... (g) ....

(c) .... (h) ....

(d) .... (i) ....

(e) .... (j) ....

(ii) Translation

Translate into English sentences (a)–(j) from exercise (1) (i) above.

Example: Il était très fatigué, car il travaillait depuis l'aube.
                 He was very tired, for he had been working since dawn.

(a) ....

....

(b) ....

....

(c) ....

....

(d) ....

....

(e) ....

....

(f) ....

....

(g) ....

....

(h) ....

....

(i) ....

....

(j) ....

....

(2) Compound conjunctions: indicative or subjunctive?

Change the infinitive in brackets to an appropriate indicative (I) or subjunctive (S) form, and state which one you have used: I or S.

Example: Tant que je [ÊTRE] chez eux, il a fait affreusement chaud. → j'étais: I.

(a) Encore qu'elle [ÊTRE] malade, elle voulut assister à la cérémonie.
(b) Outre qu'il [AVOIR] l'argent, il a le temps pour le faire.
(c) Quoiqu'il [ÊTRE] déjà assez tard, c'est un risque que nous avons à courir.

(d) Puisque ma sœur [ATTENDRE] un bébé à Noël, je ne viendrai pas passer les vacances chez vous.

(e) Elle n'est pas si intelligente que vous le [DIRE].

(f) Bien que je [ALLER] très tôt à la gare et que le train [PARTIR] à l'heure, je suis arrivée à Londres en retard.

(g) Si je [ÉCRIRE] à mon père et que je lui [DIRE] la vérité, il en mourra!

(h) Les enfants sont partis de la maison sans que nous le [SAVOIR].

(i) Roméo tomba amoureux de Juliette aussitôt qu'il la [VOIR].

(j) Pour que nous [POUVOIR] comprendre cette maladie, il faut effectuer plusieurs expériences sur des cobayes.

(a) ....   (f) ....

(b) ....   (g) ....

(c) ....   (h) ....

(d) ....   (i) ....

(e) ....   (j) ....

(3) The uses of *que* [699–704]

Translate the underlined sections into French.

Example: I want him to go away.
           Je veux qu'il s'en aille.

(a) <u>Whether you like it or not</u>, I'm going to the concert. (use an impersonal construction with *plaire*)

....

(b) <u>If you like computers and you have the time</u>, the Internet is fascinating.

....

(c) <u>What a nice garden you have</u>!

....

(d) <u>When the teacher came in and sat down</u>, the pupils stopped talking.

....

(e) Do you have family in the area, <u>since you know Brittany so well</u>?

....

(f) They had hardly stepped out of the house <u>when the storm burst</u>.

....

(g) <u>I would like my children to have the opportunity</u> to learn a foreign language.

....

(h) <u>That this is a major breakthrough</u> (= *découverte capitale*) in the fight against cancer is undeniable.

....

(i) We've seen enough suffering: <u>if only the war would end</u>!

....

(j) <u>Even if she swore it, he would not believe it.</u> (use conditional in both clauses)

....

Appendix

76 Age [705]

(1) Imagine that today's date is the first of January, 2010 and complete the following table:

(a) Michel est né le 1er janvier, 1950.	Il a 60 ans.
(b) Stéphanie est née le 1er septembre, 1960.	Elle a 50 ans et 9 mois.
(c) Marie-France est née le 1er janvier, 1940.	Elle . . .
(d) Jean-Paul . . .	Il a 80 ans et 3 mois.
(e) Emile . . .	Il a 20 ans et 6 mois.
(f) André est né le 28 février, 1985.	Il . . .
(g) Sylvie . . .	Elle a 70 ans.
(h) Reine-Marie est née le 31 décembre, 1909.	Elle . . .
(i) La date de naissance de Lucien est inconnue.	On . . .

(2) Answer in French (more than yes or no), using the information given in the table above:

(a) Is Michel over 65?

. . . .

(b) Is Stéphanie under 40?

. . . .

(c) Is Reine-Marie older than Jean-Paul?

. . . .

(d) Is Sylvie older than Marie-France?

. . . .

(e) How many years older than Michel is Marie-France?

....

(f) How much older than you is André?

....

(g) How much younger than Stéphanie is Emile?

....

(h) How much younger than Michel are you?

....

(3) Complete the following sentences:

(a) Les jeunes .... 18 ans seront inscrits automatiquement sur les listes électorales.

(b) 45% des gens .... plus .... 60 ans font toujours partie de la population active.

(c) Il s'agit des mineurs .... moins .... 16 ....

(d) .... 50 ans, on est encore jeune.

(e) .... 28 ans, il est nommé PDG de l'entreprise créée par son grand-père.

(4) Translate into French:

(a) How old's your sister?

....

(b) My grandfather doesn't know how old he is.

....

(c) She is a 40-year-old dentist.

....

(d) He's only fourteen.

....

(e) Half of the 18–25-year-olds no longer believe in God.

....

(f) At 14, you are still a minor.

....

77 Time of day, days of week, months, etc. [706–7]

(1) Using the 12-hour clock, give the equivalent **in words** in French and English of the following:

(a) 0h30

(b) 14h55

(c) 20h05

(d) 21h45

(e) De 9h45 à 10h15

(a) ....

(b) ....

(c) ....

(d) ....

(e) ....

(2) Here's a listing of TV programmes using the 24-hour clock. Programmes marked * last 20 minutes; all others last half an hour unless stated otherwise. Add the missing times (and read them out loud).

(a) 10.15   Jeunesse.*
(b) ....   Les Aventures de Sinbad.
(c) ....   Langues : Allemand, leçon n° 17.
(d) 11.35   La Vie secrète des singes. Documentaire.
(e) ....   Raconte-moi la France.*
(f) ....   Téléshopping.*
(g) 12.45   Journal, météo.
(h) ....   Eurosport : cyclisme.
(i) ....   Eurosport : motocyclisme. En direct.
(j) ....   Eurosport : tennis.
(k) 14.45   Eurosport : athlétisme. En direct.
(l) ....   Le Rénard. Série. (65 m)
(m) ....   Les Valseuses. Film de Bertrand Blier. (130 m)
(n) ....   Deux jours en France. Magazine.*
(o) ....   Questions pour un champion. Jeu.

(3) Translate the following into French, then give the 24-hour clock equivalents:

(a) 4 a.m.
(b) 4 p.m.
(c) A quarter to six in the morning.
(d) At midnight.
(e) At twenty to nine in the evening.

(a) ....

      ....

(b) ....

....

(c) ....

....

(d) ....

....

(e) ....

....

(4) Translate into French:

(a) 'Do you know what time it is?'
(b) 'It's exactly ten o'clock.'
(c) 'And do you know what time your mother will arrive?'
(d) 'I think she said that she'll arrive about half past twelve and have lunch with us.'

(a) ....

(b) ....

(c) ....

(d) ....

(5) Complete the following sentences:

(a) La Deuxième Guerre mondiale a éclaté .... quelle année?
(b) Le Code Napoléon a été rédigé .... 1810. Il a été remplacé par le nouveau code pénal qui est entré en vigueur .... mois de mars.
(c) Astérix est né .... octobre 1959 dans le premier numéro du magazine *Pilote*, et le Parc Astérix s'ouvre .... 27 avril 1989.
(d) La révolution industrielle a commencé en Angleterre .... XVIIIe siècle.
(e) Le troisième Forum Européen aura lieu .... septembre 1999 et le 13e Salon du livre sera organisé .... 9 .... 12 octobre.
(f) France Culture diffusera cinq émissions sur la poésie française .... 1er, 4, 8, 11 et 15 décembre. France-Télévision va diffuser aussi 8 heures de tennis par jour (France 3 .... matin, France 2 .... après-midi).
(g) D'habitude ma mère fait ses courses .... samedi matin.

(h)   La maison de Victor Hugo n'est ouverte au public que .... et
.... En semaine, c'est sur réservation seulement.

(i)   Jules César est mort .... 44 .... Jésus-Christ.

(j)   .... 313 .... J.-C. l'édit de Milan a établi la liberté
religieuse partout dans l'Empire romain.

(k)   Ce pays comptera un milliard d'habitants .... l'an 2 000.

(l)   On a tendance à traiter encore les lycéens comme .... les années
cinquante.

(m)   Profitant d'un développement spectaculaire .... les années 1980 le
tennis est devenu une des disciplines sportives qui génèrent le plus d'argent.

(n)   De moins de 3 milliards de francs .... 1981, le budget de la
Culture est passé à 6 milliards .... 1985 et il a atteint 7,5 milliards
au début .... années 90.

(o)   Les premières bouteilles de champagne ont été fabriquées ....
XIIIe siècle, mais elles ont pris leur forme définitive .... la fin
.... XIXe.

(6)   Translate into French:

(a)   Rennes became the capital of Brittany in the 1960s.

(b)   Paul McCartney played the guitar on stage for the first time on the 18th of
October, 1957.

(c)   The Christmas holidays will start on Saturday the twentieth of December.

(d)   The Romans invaded Britain in 45 BC.

(e)   Television did not exist in the 18th and 19th centuries.

(f)   Do you always go to the cinema on Sundays?

(g)   He's coming to see me on Monday the second of November.

(h)   Where will the Olympic Games take place in the year 2010?

(a) ....

(b) ....
....

(c) ....
....

(d) ....

(e) ....

(f) ....

(g) ....

(h) ....

78 Duration and periods of time [708–11]

(1) Translate into English:

(a) J'ai organisé la réunion pour 2 heures.
(b) J'irai le voir dans deux heures.
(c) J'ai tout organisé en deux heures.
(d) Elle m'attend depuis deux heures.
(e) Depuis combien de temps est-ce qu'il travaille chez Renault?

(a) ....

(b) ....

(c) ....

(d) ....

(e) ....

(2) Add the appropriate preposition to complete the following sentences:

(a) Oui, je veux m'abonner .... 2 ans et profiter de votre offre spéciale.
(b) L'Algérie connaît des massacres .... une dizaine d'années.
(c) Le téléphone a connu une prodigieuse expansion .... la fin des années 60.
(d) Cette société a doublé ses exportations .... 5 ans.
(e) .... 20 ans la durée légale du travail a diminué de 8 heures.
(f) Le bikini est né .... les années 30.
(g) Essayez cet appareil photo gratuitement chez vous 10 jours, et si vous trouvez moins cher .... les 10 jours nous vous remboursons la différence.
(h) Mon patron vient de me demander si je pourrai partir pour New York .... 24 heures.
(i) L'usine Le Creuset fabrique des ustensiles culinaires .... 1925.
(j) .... six mois on verra le lancement d'une nouvelle télécarte.
(k) Il y a 20 ans, il fallait sept bonnes heures pour faire Paris–Marseille. Ce n'est plus .... sept heures qu'on rejoint Marseille, mais, grâce à la TGV, ... quatre heures quinze.
(l) Mars tourne sur elle-même .... 24 heures 37 minutes 23 secondes et autour du soleil .... 687.
(m) Sojourner, le petit robot extraordinaire de la Nasa, constitue l'avant-garde d'une série de neuf engins qui exploreront Mars .... ici .... 2005.
(n) Les Européens ont déjà commencé à organiser la mission Mars Express prévue .... 2003 et d'autres missions sont budgétées .... 2010.

(o) On vient de lancer deux nouvelles collections pour enfants : Folio Junior (.............. 10 ans) et Hachette Jeunesse (.............. 9 ans).

(p) La police va fermer cinq boîtes de nuit parisiennes .... six mois.

(q) Il a été le PDG de cette entreprise .... 1980 .... 1990.

(r) .... 1er septembre .... 12 septembre Prisunic vous offre 300 FF en bons d'achat.

(s) Cette offre est valable .... 30 avril 1999.

(t) Bien que des progrès aient été réalisés .... 20 ans, ... on n'a pas trouvé de véritables solutions au problème de la faim en Afrique où la population s'accroît de plusieurs millions de personnes .... an.

(3) (i) Using the information given in the box below, answer the questions in French:

> Nous sommes en 1998.
> Votre collègue a commencé à travailler chez vous en 1984.
> Il envisage de vous quitter l'année prochaine.

(a) En quelle année votre collègue va-t-il vous quitter?

(b) Il y a combien de temps qu'il a commencé à travailler chez vous?

(c) Il travaille chez vous depuis combien de temps?

(a) ....

(b) ....

(c) ....

(ii) Now imagine that the present date is 2004 and answer the same questions in French.

(a) ....

(b) ....

(c) ....

(4) Rewrite the following sentences, using the expression given in brackets:

(a) Ça fait 20 ans qu'il travaille chez nous. (**Depuis**)

....

(b) Voilà 20 ans déjà qu'il travaille chez nous. (**Depuis**)

....

(c) Voilà 20 ans qu'il travaillait chez vous? (**Depuis**)

....

(d) Il travaillait chez vous depuis 20 ans? (**Ça faisait**)

....

(e) Ça faisait des années qu'il travaillait chez nous. (**Depuis**)

....

(f) Il travaillait chez vous depuis des années, n'est-ce pas? (**Voilà**)

....

(5) Translate into French:

(i) (a) Which year did you get married in?
    (b) 1970.
    (c) So you've been married for over 20 years?
    (d) I'm afraid so.

(a) ....

(b) ....

(c) ....

(d) ....

(ii) (a) How long are you going to Bordeaux for?
    (b) I think I'm going for 9 months this time.
    (c) So it's not your first visit?
    (d) No.
    (e) How often have you been?
    (f) Well, up to 1990, I went twice a year, but I only spent a month there each time.
    (g) And when are you leaving?
    (h) In a fortnight's time.

(a) ....

(b) ....

(c) ....

(d) ....

(e) ....

(f) ....

....

(g) ....

(h) ....

79 Price [712]

(1) Here is a price-list from an electrical goods catalogue. Write a sentence describing the price of each item, using the expression given in brackets:

(a) La radio-réveil 185 FF (**on peut acheter** ...)

....

(b) La radio-cassette stéréo 499 FF (... **se vend** ...)

....

(c) Le lecteur de cassettes vidéo 2 490 FF (... **coûte** ...)

....

(d) Le téléviseur couleur avec télécommande 5 990 FF (... **vaut** ...)

....

(e) Le téléviseur de poche extra-plat à cristaux liquides 1 490 FF (**On paye** ...)

....

(2) Here are some price tags. Write a sentence describing the cost of each item, using the expression given each time:

(a)	(b)	(c)
RADIS 2,5 FF botte	POIRES 8 FF kg	HUILE EXTRA 200 FF le litre

(d)	(e)	(f)
YAOURT 5,6 FF pot 500 g	THÉ LIPTON 20 FF boîte 100 sachets	CHOCOLAT EXTRA 7,50 FF tablette 200 g

(g)	(h)
VIN ROUGE DE TABLE 14 FF bouteille 1 l	PÊCHES 3 FF pièce

(a) Les radis coûtent ....

(b) Les poires coûtent ....

(c) L'huile extra se vend ....

(d) Le yaourt se vend ....

(e) On peut acheter le thé Lipton ....

(f) On paye le chocolat extra ....

(g) Le prix du vin rouge de table est ....

(h) Les pêches se vendent ....

(3) Complete the following sentences:

(a) A Londres il est difficile d'acheter une belle maison .... moins de £200 000.

(b) Il vous coûtera 225 FF .... un aller simple et 450 FF .... un aller retour.

(c) ISIC (International Student Identity Card) : quatre lettres qui, ... 60 FF, vous permettent de voyager .... des prix plus qu'intéressants.

(d) Nations Bank a racheté Barnette Bank .... 15,5 milliards de dollars.

(e) Ce matin sur le marché londonien le cacao se vend 1 115 livres sterling .... tonne.

(f) La valeur moyenne des coupons de réduction est .... 10 FF.

(g) En France on peut acheter du bon vin .... 50 FF .... bouteille.

(h) Le prix de vente de ce PC est .... 10 000 FF HT.

(i) Ces albums valent 80 FF .... pièce.

(j) Son salaire annuel est .... 145 000 FF.

(k) Ils ont estimé la valeur de l'entreprise .... 2 milliards de francs.

(l) Aux soldes on vend les vidéocassettes 350 FF .... douzaine.

(m) Cette année notre entreprise a réalisé un bénéfice net .... 2,5 millions de dollars.

(n) Nous avons installé notre entreprise dans une ancienne usine, achetée .... 300 000 livres.

(4) Can you find another way of saying each of the sentences in (3) above?

(a) ....

(b) ....

(c) ....

(d) ....

(e) ....

(f) ....

(g) ....

(h) ....

(i) ....

(j) ....

(k) ....

(l) ....

(m) ....

(n) ....

(5) Translate into English:

(a) Ma femme et moi avons dû payer nos billets 5 000 FF chacun, mais on a permis à nos deux enfants (2 ans et 4 ans) de voyager gratuitement.

(b) Ces cassettes vidéo VHS se vendent 359 FF le lot de cinq.

(c) Ce tissu Laura Ashley se vend 189 FF le mètre en France.

(d) J'ai acheté trois timbres à 3 FF.

(e) Je lui ai payé la réparation 10 000 FF.

(a) ....

   ....

(b) ....

(c) ....

(d) ....

(e) ....

80 Dimensions [713]

(1) Give the dimensions of the following objects in words, starting the sentences as given:

(a) Ce protège-table est (long. 120 cm × larg. 135 cm)

(b) Ce tapis de bain mesure (37 × 72 cm)

(c) Ce matelas a (150 × 190 : long. × larg. en cm)

(d) Cette magnétoscope a (42 × 10 × 35 cm)

(a) ....

(b) ....

(c) ....

(d) ....

(2) Complete the following, using the dimensions given:

(a) Mars possède le canyon le plus grand et le plus profond du système solaire : ce canyon a (**4 000 km long and 5–10 km deep**).

....

(b) Les dimensions légales de la carte postale sont de (**14 × 9 cm minimum/15 × 10 cm maximum**).

....

(c) La Loire, qui a (**1 008 km long**), est le plus long des fleuves français.

....

(d) La tour Eiffel est une tour entièrement métallique de (**300 metres high**) qui a été construite pour l'Exposition Universelle de 1889.

....

(3) Find alternative ways of expressing the following:

(a) La tour Eiffel a 300 mètres de haut.
(b) La Loire a 1 008 km de long.
(c) Les cartes postales sont longues de 14 cm et larges de 9 cm.
(d) Le grand canyon de Mars a 5–10 km de profondeur.

(a) ....

(b) ....

(c) ....

(d) ....

(4) Ask the questions that might be answered by the sentences in exercise (3) above.

(a) ....

(b) ....

(c) ....

(d) ....

(5) Translate into French:

(a) His brother was over 2 metres tall.
(b) He was carrying a pocket television set whose screen measured only 20 cm by 20 cm.
(c) Everyone wants to know how high the highest building in the world is.
(d) The Pacific Ocean is between 3 000 and 5 000 metres deep.
(e) A rugby ball is 71 cm in circumference.

(a) ....

(b) ....

(c) ....

(d) ....

(e) ....

81 Speed and fuel consumption [714–15]

(1) Convert the following m.p.h. to km/h and vice versa:

(a) 50 m.p.h.   ....

(b) 75 m.p.h.   ....

(c) 125 m.p.h.   ....

(d) 40 km/h   ....

(e) 64 km/h   ....

(f) 160 km/h   ....

(2) Using the above speeds and starting your answers 'Cette voiture fait ...',
write out in French in **words (or speak the sentences out loud)**.

(a) ....

(b) ....

(c) ....

(d) ....

(e) ....

(f) ....

(3) Complete the following sentences in **words**, using the information given in
English in brackets:

(a) Un écologiste gallois a inventé un vélo solaire capable d'atteindre (**a speed
of 45 m.p.h.**)

....

(b) Certaines vagues peuvent atteindre (**60 m.p.h.**)

....

(c) La vitesse d'une boule de pétanque oscille (**between 20 and 30 km/h**)

....

(d) Sur Mars, Sojourner a une vitesse de déplacement (**of one centimetre a second**)

....

(e) Le chauffeur, (**going at over 140 km/h**) sur une voie où la vitesse est limitée (**to 50 km/h**), a perdu le contrôle du véhicule.

....

....

(f) Les premières Deux Chevaux transportaient quatre personnes et 50 kg de pommes de terre (**at 60 km/h**) en ne consommant que (**three litres to the hundred kilometres**).

....

....

Key

1 [1–3]

(1) A   C   B   U   R   T   I   N   O
     Z   E   J   Q   M   F   L   Y   G
     X   D   V   S   K   H   P   W

(2) mur, un, trois, cinquante, Jésus, jogging, herbe, raisin, quand, pied, chat, peu, printemps, heureux.

2 [4]

(1) (a) C'était . . . Seconde Guerre . . . Italie . . . Les . . . Les . . . Toni . . . Séraphita . . . Comme . . . Belgique . . . Italie.
       (b) Lors . . . Rencontres . . . Parti . . . Culture.
       (c) La France . . . Avec . . . Italiens . . . Polonais . . . Russes . . . Sénégalais . . . Maghrébins.
       (d) L'ouvrage . . . Thomas Sergy . . . Académie . . . L'année . . . Éducation.

3 [6–7]

té/lé/pho/ne	u/nen/fant
in/con/nu	de/sa/mis
i/nac/cep/tab/le	le/sAl/le/mands
char/mant	Al/lez/vou/sen
in/for/ma/ti/que	C'es/tim/pos/si/ble/di/til
re/ve/nir	res/pect
res/pec/ta/ble	sculp/tu/re

4 [8–10]

(1) (a) L'ann<u>ée</u> . . . <u>été</u> marqu<u>ée</u> . . . l'<u>é</u>glise Saint‗Bernard . . . les sans‗papiers . . . entam<u>é</u> . . . une gr<u>è</u>ve . . . L'arriv<u>ée</u> . . . va‗t‗elle . . . les sans‗papiers . . . va‗t‗elle . . . le porte‗parole

(b) la santé financière . . . la Grande-Bretagne . . . des Pays-Bas . . . sont-ils . . . Est-ce

(c) à 80 ans . . . à près de 90 ans . . . Y eut-il . . . à Hollywood . . . comédiens . . . différents . . . à Princeton . . . Celui-ci . . . celui-là . . . la désobéissance . . . Les voilà réunis

(d) se définit . . . sa mémoire . . . cette idée . . . L'éducation ne semble-t-elle pas . . . la meilleure façon . . . pourra-t-elle . . . une école plus européenne

(e) L'année dernière je n'ai reçu . . . cette année j'espère . . . spécial . . . je réussissais

5 [12]

All are correct.

6 [Preface xiii–xiv and 13–23]

(1) (a) nouns (b) verbs (c) adjectives (d) adverbs (e) pronouns (f) conjunctions (g) prepositions.

(2) (a) foyer, télévision, satellite, câble.
    (b) heure, chasses d'eau, litres, utilisation.
    (c) tu, quoi.
    (d) deux, la.
    (e) ce, le, un, 30, une, 18.
    (f) coûte, sera vendu.
    (g) est apparu.
    (h) (le plus) profond, solaire.
    (i) certaines, toutes, nécessaires.
    (j) exceptionnellement, bien.

(3) (a) proper noun (b) abstract noun (c) compound noun (d) impersonal verb (e) adverb of time (f) adverb of place (g) preposition (h) subordinating conjunction (i) possessive adjective (j) comparative adjective.

7 [Preface xiii–xiv and 13–23]

(1) (i)   A phrase is a group of words which go together but do not contain a subject and a verb.
          A clause is a group of words or phrases which contains a subject and a verb.
    (ii) (a) phrase . . . phrase (b) clause (c) clause (d) phrase (e) clause.
    (iii) (a) noun phrase . . . adverbial phrase (b) adjectival clause (c) adverbial clause (d) verb phrase (e) noun clause.

(2) (a) subject (b) object (c) complement (d) indirect object (e) apposition.

8 [Preface xiii–xiv and 13–23]

(i) (1) (a) simple (b) simple (c) simple (d) simple (e) compound (f) complex (g) complex (h) complex (i) compound (j) complex (k) simple (l) simple.

(2) (a) subject / verb (b) subject / verb (c) subject / verb / complement (d) subject / verb / complement (e) subject / verb / object (f) subject / verb / object / indirect object (g) subject / verb / object / indirect object (h) subject / verb / indirect object (i) subject / object pronoun / verb (j) subject / indirect object pronoun / object pronoun / verb (k) subject / indirect object / verb / object phrase (l) subject / verb / agent.

(3) (a) Order of object and indirect object changed for balance and emphasis.
  (b) Order of object and indirect object changed for balance and emphasis.
  (c) Order of object and indirect object changed for clarity and emphasis.

(4) (a) Mlle X a été trouvée par sa femme de ménage, assassinée dans sa chambre.
    Mlle X a été trouvée dans sa chambre, assassinée par sa femme de ménage.
  (b) Je rentre de ma promenade, mon esprit en paix avec mon chien.
    Je rentre de ma promenade avec mon chien, mon esprit en paix.
  (c) Pierre Rosenberg dirige depuis 1994 le musée du Louvre qui reçoit 4,5 millions de visiteurs par an.
    Depuis 1994 Pierre Rosenberg dirige le musée du Louvre qui reçoit 4,5 millions de visiteurs par an.

(ii) (a) declarative (b) declarative (c) interrogative (d) imperative (e) exclamatory (f) declarative (g) exclamatory (h) interrogative (i) imperative (j) declarative.

9 [25–6]

(1) (a) la (b) les (c) l' (d) la (e) les (f) l' (g) l' (h) les (i) le (j) la (k) la (l) le

(2) (a) à la guerre, aux produits, à l'atmosphère, à la loi, aux coupables, à l'habitation, à l'automobiliste, aux horizons, au homard, à la hiérarchie, à la journée, au mensonge.
  (b) de la ... , des ... , de l' ... , de la ... , des ... , de l' ... , de l' ... , des ... , du ... , de la ... , de la ... , du ...

10 [27–30]

(1) (a) le (b) le, le (c) le (d) Le, le (e) Les, les, les

(2) (a) Le Président Clinton n'exclut pas de nouvelles frappes contre l'ennemi.
  (b) Le Pape Jean-Paul II est attendu dans la Vendée le 19 septembre.
  (c) L'image hollywoodienne de l'ouvrier français, la bouteille de vin à la main droite, la baguette de pain sous le bras gauche, le béret noir sur la tête, appartient au passé.

(d) L'Allemagne, la France, l'Autriche et les pays du Bénélux sont prêts à participer à la monnaie unique.

(e) Nous nous reverrons à la Toussaint.

11 [31–4]

(1) (a) 7 (b) 6 (c) 5 (d) 1 (e) 2 (f) 3 (g) 4 (h) 8
Other possible answers: (b) 2 (c) 1 (d) 5 (e) 6 (f) 8 (g) 8 (h) 4

(2) There are three things to bear in mind here:

   (i) When the geographical name is used adjectivally, there is no definite article.

   (ii) When the geographical name is feminine, the article is not used when *de* means 'from'.

   (iii) The article is usually included with geographical names that are masculine.

(a) They don't have guns like the Amazon Indians.

(b) This Nigerian earthenware which is flooding all the markets nowadays.

(c) On the south coast of Peru, in a sandy desert, hundreds of straight tracks cover a surface area of 520 square kilometres.

(d) In some African and South American tribes, the elderly play the major role.

(e) Marie left the comfort of Paris and flew off to Greenland.

(f) One of the most interesting of these projects comes from Italy.

12 [35–9]

(1) (a) Mon père était architecte et ma mère était secrétaire.

(b) Tout le monde est ou sera gaulliste.

(c) C'est un médecin très respecté.

(d) Quel personnage et quelle vie!

(2) (a) un (b) la (c) – (d) un (e) no articles required.

(3) (i)

(a) Before sending men to Mars, it is essential to carry out a number of experiments.

(b) The President of the Republic can remove the prime minister from office.

(c) There is a certain risk involved in wanting to keep too close to the truth.

(d) He asked her and – an incredible thing – she said yes.

(e) Every day, a number of clients stay at a Novotel hotel.

(f) Translating Brassens is not an easy thing to do.

(ii)

(a) Il conduit une Peugeot ou une Renault.

(b) Il a mis un stylo, une règle et une gomme sur la table.

(c) On apporta une table et une chaise.

(d) Ce livre présente un résumé et une étude des thèmes du film.

(e) Il fit preuve d'une force et d'un courage remarquables.

(4) (a) / (e); (b) / (c); (c) / (b); (d) / (d); (e) / (f); (f) / (g); (g) / (a).

13 [40–4]

(1) des huîtres, des boissons, de l'eau, du vin, de la fidélité, du sable, de la rigueur, de l'huile, de la houle.

(2) (a) Nous avons acheté des pommes de terre et du pain.

   (b) Le vin fait du bien.

   (c) Il y a des outils dans le tiroir.

   (d) J'ai mangé du fromage et des biscuits.

   (e) Elle n'a pas reçu de lettres.

   (f) Cela ne devrait pas poser de problème insurmontable.

(3) (a) de (b) des (c) Les (d) les (e) la (f) de (g) de (h) d' (i) de l' (j) du

(4) (a) Les enfants sages ne mentent jamais.

   (b) Nous mangerons des petits pains et des saucisses.

   (c) Nous avons peur des gros chiens.

   (d) J'ai acheté de bonnes poires.

   (e) Les grands hommes aiment les grandes causes.

(5) Remember

   (i)   that after negative constructions the partitive is normally replaced by *de* alone, but this does not apply to *ne . . . que*.

   (ii) that *des* is replaced by *de* when an adjective precedes the noun.

   (iii) when a noun is used in a general sense, the French definite article is used.

(a) It is intolerable that more than 800,000,000 people in the world have hardly any food.

(b) We have nothing but contempt for them.

(c) Nostradamus predicted that in the twentieth century we would have dreadful dictatorships, and that we would live through devastating wars.

(d) Wine is the healthiest and most wholesome of drinks.

(e) Great prestigious architectural projects are needed in a city, and I doubt whether other towns in France can rival Paris.

(f) Happiness, peace of mind . . . all these fine words are nothing but illusions.

(g) He had promised me that we would go on great journeys, but our only journey was a week's stay in a camping site in Marseilles.

(h) Noise does no good, and goodness creates no great stir / makes no great fuss.

(6) (a) Ne me racontez pas d'histoires.

   (b) Je ne prendrai pas de vin d'Alsace.

   (c) Il ne boit pas de café.

(d) On ne te donne pas d'argent.
(e) Ne prends pas de frites.
(f) Les personnes qui viennent nous consulter ne laissent pas d'adresse ni de nom.

14 [45–6]

(1) (a) du (b) de (c) de (d) d' (e) de l' (f) de confiance, de croyances, des valeurs (g) de système, de dispositif (h) des (i) de la (j) de (k) de (l) à

15 [48–9]

(1) un ami / une associée / un musicien / une vendeuse / une chanteuse / une actrice / une ouvrière / une championne / un concierge / un élève / une touriste / une camarade / un copain / une voisine / une romancière / une victime / une vedette de cinéma / un professeur (femme) / un médecin (femme) / un ministre / un homme *or* un mari / un monsieur / un roi / une princesse / une fille
(2) (a) C'est son fils (b) C'est son mari/son époux (c) C'est sa mère (d) C'est sa fille (e) C'est son petit-fils (f) C'est son grand-père (g) C'est sa petite-fille (h) C'est son beau-père (i) C'est son beau-frère (j) C'est son gendre (k) C'est son oncle (l) C'est son neveu (m) C'est sa tante (n) C'est sa nièce (o) C'est sa sœur (p) C'est sa cousine (q) C'est sa belle-fille (r) C'est son cousin.
(3) (i) a (ii) a (iii) c (iv) c (v) b (vi) b (vii) d (viii) c (ix) d (x) b.

16 [50–1]

(1) (a) M (b) M (c) M (d) M (e) F (f) M (g) M (h) M (i) M (j) M.
(2) (a) la (b) la (c) la (d) la (e) la (f) l' (feminine) (g) la (h) la (i) le (j) le.

17 [52]

(1) (a) la (b) la (c) la (d) le (e) la (f) le (g) le (h) la (i) la (j) le (k) le (l) la (m) le (n) la (o) la.
(2) (a) M (b) M (c) F (d) F (e) F (f) F (g) M (h) M (i) F (j) F (k) F (l) M (m) F (n) F (o) M (p) M (q) F (r) M (s) M (t) F.
(3) (a) M (b) F (c) F (d) M (e) M (f) M.

18 [53–6]

(1) -ai, -oi / -ment / -age / é / -er, -ier / -ès / -et / -eau / -ail, -eil, -euil / -at / -isme / -ing / -ède, -ège, -ème / -i / -b, -c, -d, -g, -k, -p, -q, -z / -oir / -ou / -eur (referring to human beings and physical objects).

(2) (a) la (b) la (c) la (d) l' (feminine) (e) la (f) la (g) l' (masculine) (h) le (i) le (j) le (k) le (l) la (m) l' (feminine) (n) la (o) la (p) la (q) la (r) le (s) le (t) l' (masculine) (u) le (v) le (w) le (x) le (y) le (z) le (aa) le (bb) le (cc) l' (masculine) (dd) le.

(3) (a) m/f (b) f/m (c) m/f (d) m/f (e) m/f (f) m/f (g) f/m (h) f/m (i) f/m (j) f/m (k) f/m (l) f/m (m) f/m (n) m/f (o) m/f.

19 [57–63]

(a) un (b) un (c) un (d) un (e) un (f) un (g) une (h) une (i) un (j) un (k) un (l) une (m) un (n) un (o) un.

20 [64]

(a) critic / criticism (b) dead man / death (c) nap / sum of money (d) book / pound (e) someone's physique / physics (f) walk, trick, turn / tower (g) handle (of brush) / sleeve (h) job, radio or TV set, police station / postal service (i) vase / silt (j) method, mood (in grammar) / fashion (k) pink / rose (l) veil / sail.

21

(1) m (2) f (3) m (4) f (5) m (6) f (7) f (8) m (9) m (10) m (11) f (12) f (13) f (14) m (15) f (16) f (17) f (18) f.
(i) le (ii) une (iii) du (iv) la (v) une (vi) la (vii) la (viii) la (ix) du (x) le (xi) du (xii) la (xiii) du (xiv) La (xv) la (xvi) la (xvii) la (xviii) du (xix) Un (xx) la (xxi) du (xxii) le (xxiii) du (xxiv) le (xxv) de la (xxvi) le (xxvii) le (xxviii) du (xxix) de la (xxx) le.

22 [75–126]

(1)
(i) (a) blanc, blanche, blanches (b) gris, grise, gris (c) publique, publics, publiques (d) douce, doux, douces (e) long, longue, longues (f) gentille, gentils, gentilles (g) professionnel, professionnels, professionnelles (h) sociale, sociaux, sociales (i) sot, sotte, sots (j) créatif, créatifs, créatives (k) vieux (vieil), vieille, vieilles (l) flatteuse, flatteurs, flatteuses (m) nouveau (nouvel), nouvelle, nouveaux (n) créatrice, créateurs, créatrices (o) européenne, européens, européennes (p) fier, fiers, fières.
(ii) (a) mes sœurs (b) mes grand-mères (grands-mères) (c) des entrecôtes (d) de jolies robes noires (e) les jardins publics (f) des demi-heures (g) les mini-jupes (h) des ouvre-boîtes (i) des timbres-poste (j) des porte-monnaie (k) quel ami? (l) c'est un jeune voyou (m) ils ont acheté des chapeaux et des chandails (n) ce sont des incidents banals (o) cet événement se passe loin du champ de bataille.

(2) (a) Ma sœur est toujours souriante, sympathique et bavarde.
  (b) Dans sa jeunesse, mon père a été très sportif.
  (c) Elle a toujours été très généreuse, mais très agressive aussi.
  (d) Ce film a été réalisé par une jeune cinéaste canadienne.
  (e) Capitaine de son équipe, elle est aussi la championne du monde des 5 000 mètres femmes.
  (f) Cet acteur joue le rôle d'un jeune garçon égaré, têtu.
(3) (a) Ces entreprises ne sont pas très rentables.
  (b) Ma copine est toujours gentille avec moi.
  (c) Les conseils municipaux comptent 69 membres.
  (d) Il nous faut de vrais débats politiques.
  (e) Son rival politique lui reproche d'avoir publié ses journaux privés et d'avoir financé des festivals de télévision.
  (f) Mes frères ont acheté de nouvelles Mazda.

23 [127–38]

(1) (i) chaque (ii) certains (iii) rouges (iv) ces (v) reposant (vi) votre (vii) leur (viii) culinaires (ix) locaux (x) simples (xi) modérés (xii) favorable (xiii) régional.
(2) (a) galloise (b) australienne (c) britanniques (d) intelligents (e) français et américain (f) mûres (g) italiens (h) dix-huitième et dix-neuvième (i) chère (j) noir et blanc (k) trente ... deux cents (l) bon (m) cher (n) brillant (o) possible (p) y compris (q) beaux ... blancs ... leurs ... bleu clair (r) soi-disant.

24 [139–54]

(1) (i) tragique (ii) quelques (iii) nue (iv) publicitaires (v) grand (vi) féminin (vii) tumultueuse (viii) privée (ix) américain (x) orageuses.
(2) (a) Tous les Français intelligents ...
  (b) Pragmatique, le Parti communiste français / Le Parti communiste français pragmatique, ...
  (c) ... un homme politique de gauche
  (d) L'ancienne église ...
  (e) ... d'un vague désir de fuite
  (f) ... aux vieux châteaux un air triste (et) fort romantique
  (g) ... l'étude des espèces animales et végétales
  (h) Les cinq premiers coureurs ...
  (i) ... le vaste château aux murs effrayants, sa propre petite maison jaune ...
  (j) ... une forte odeur de vieille sueur ... des yeux rouges et fatigués ...

(3) (a) before   ... son ancien mari.
    (b) after   ... le beaujolais nouveau.
    (c) before   ... une simple formalité.
    (d) after   ... une vieille femme méchante.
    (e) after   ... les grandes stations de sports d'hiver très chères.
(4) (a) ... la vie chère (b) Deux nouveaux ressortissants ... (c) ... les mêmes films ... (d) ... une méthode ancienne .. : (e) Son prochain film ...

25 [604–13]

(1) (a) difficilement (b) clairement (c) vivement (d) doucement (e) réellement (f) énormément (g) précisément (h) profondément (i) vraiment (j) absolument (k) présentement (l) fréquemment (m) évidemment (n) constamment (o) couramment (p) brièvement (q) passionnément (r) modérément (s) gaiement (t) gentiment.
(2) (a) patiemment (b) poliment (c) merveilleusement (d) inopportunément (e) assidûment.
(3) (a) avec franchise / d'une manière franche
    (b) avec sérieux / d'une façon sérieuse
    (c) avec beaucoup d'impatience
    (d) avec gentillesse / d'une manière gentille
    (e) avec beaucoup de respect / d'une façon très respectueuse
    (f) *not possible*
(4) (a) rarement *or* peu fréquemment (b) rapidement *or* vite (c) peu profondément (d) lourdement (e) mal (f) malheureusement.

26 [155–74]

(1) (a) aussi (b) aussi (c) autant (d) autant de (e) autant d' (f) autant d' ... aussi.
(2) (a) Marie-France n'est pas si travailleuse que sa sœur.
    (b) Ma voiture ne roule pas si/aussi rapidement que la tienne.
    (c) Aujourd'hui il ne fait pas si/aussi chaud à Londres qu'à Bordeaux.
    (d) L'Inde est aussi pauvre que vous le pensez.
    (e) Cette année il n'y a pas autant de touristes américains qu'il y a dix ans.
(3) (a) moins (b) plus (c) les plus (d) moins (e) le plus (f) moins (g) le plus (h) la plus (i) la plus ... moins (j) la plus.
(4) (a) le plus célèbre / la plus célèbre (b) le plus gentiment (c) la meilleure (d) le moins (e) le plus rapidement (f) le mieux (g) le plus mal (le pis) (h) la mieux connue (i) les moins profonds (j) le pire / le plus mauvais (k) le plus souvent (l) le meilleur marché.
(5) (a) La fille de Jeanne est moins âgée que celle d'Anne.
    (b) Le train coûte moins cher que l'avion.
    (c) Julien a reçu une meilleure note que André.
    (d) La maison d'Alain est plus petite que celle de Robert.

(e) ... c'est Sylvie qui est la plus belle.

(f) ... c'est Jean qui est le mieux payé.

(g) C'est à Paris qu'on mange mieux.

(h) La Fiat 126 est moins spacieuse que la Renault 16.

(i) C'est la Chine qui a le plus d'habitants / la population la plus nombreuse / qui est le pays le plus peuplé.

(j) Michel est le plus fort / Michel est plus fort qu'Yves et que Daniel.

(6) (a) plus de (b) plus de (c) plus que (d) plus que (e) plus de ... plus de ... plus de (f) le plus de (g) le plus de.

(7) No set answers, but examples might be:

- le taux de natalité est aujourd'hui plus élevé dans les PVD que dans les pays développés.
- le taux de natalité n'est pas tombé autant dans les PVD que dans les pays développés.
- le taux de natalité des PVD est supérieur à celui des pays développés.
- l'accroissement naturel (de la population) est aujourd'hui bien moins grand dans les pays développés que dans le tiers monde.

(8) (i) plus grands (ii) aussi (iii) les moindres (iv) le plus grand (v) plus de (vi) les plus savoureux (vii) la plus formidable (viii) plus que.

(9) (a)   Je suis aussi beau, aussi intelligent que vous.

(b)   Les dentistes consomment autant d'or que les bijoutiers.

(c)   Il semble plus âgé qu'il ne l'est.

(d)   TFI n'a pas autant de téléspectateurs que F3.

(e)   Lequel de vos étudiants écrit le mieux?

(f)   C'est la meilleure des voitures européennes.

(g)   C'est le plus beau bâtiment du monde.

(h)   Edith Piaf a été/était la chanteuse française la plus connue/la plus célèbre de son époque.

(i)   *Le Canard Enchaîné* est le plus connu des hebdomadaires satiriques français.

(j)   Il est moins travailleur que je ne le suis.

(k)   Ils ont plus d'argent que n'en avaient leurs parents.

(l)   Moins j'ai d'argent, moins j'ai d'amis et moins ils m'aiment.

(m)   Plus vous allez loin, plus votre voyage sera intéressant.

(n)   C'était une personne des plus désagréables / une personne extrêmement désagréable. En effet, c'est probablement la personne la plus désagréable que j'aie jamais connue.

(o)   C'était un des moins glorieux épisodes de l'histoire de l'Empire français.

27 [178–92]

(1) (a) nombre ... chiffres (b) nombre (c) numéro (d) nombre (e) numéro (f) numéro (g) chiffres (h) nombre.

(2)

(i)　(a) trois (b) cinq ... sept (c) douze (d) trente-neuf (e) cinquante-et-un (f) quatorze (g) quatre cents (h) vingt-cinq ... deux mille (i) dix-neuf cents (j) mille et une.

(ii)　(a) cent vingt francs (b) trois cent deux francs (c) mille six cents francs (d) trois millions de francs (e) quatorze milliards de francs (f) quatre cent quatre-vingt-cinq francs (g) sept cent quatre-vingt-dix francs (h) mille deux cent cinquante francs (i) un million trois cent cinquante mille francs (j) trois millions huit cents mille francs (k) vingt-cinq milliards huit cents millions deux cents mille cent cinquante francs.

(iii)　(a) treize heures trente (b) seize heures trente (c) dix-sept heures trente (d) dix-huit heures (e) vingt heures.

(iv)　(a) trente-huit (b) trente-six virgule quatre (c) vingt-sept virgule six (d) vingt-trois virgule deux (e) vingt.

(v)　(a) dix (b) cinquante millions ... cent millions (c) cent cinquante mille (d) huit cents mille (e) un virgule deux.

(vi)　(a) seize, soixante-et-un, quatre-vingts, treize (b) quarante-et-un, quatre-vingt-dix, soixante-douze, soixante-dix-sept (c) zéro deux, trente-cinq, onze, vingt-trois (d) douze, vingt, trente-deux, soixante-huit (e) zéro un, quinze, vingt-quatre, cinquante, soixante-et-onze.

(vii)　(a) un tiers (b) trois-quarts (c) un huitième (d) cinq sixièmes (e) soixante-cinq centièmes (f) soixante-douze sur quatre-vingt-dix (g) un virgule cinq (h) sept virgule huit (i) deux virgule vingt-cinq (j) trois virgule soixante-quinze (k) cinq virgule cent vingt-cinq (l) zéro virgule cinq.

(3)

(i)　(a) un demi (la moitié)　(f) deux virgule vingt-cinq
　　 (b) trois-quarts　(g) trois virgule cinq
　　 (c) neuf dixièmes　(h) dix virgule quatre
　　 (d) un huitième　(i) sept virgule trois cent soixante-quinze
　　 (e) cinq huitièmes　(j) un virgule trois.

(ii)　(a) dix-sept et huit font vingt-cinq / dix-sept plus huit égale vingt-cinq. (égale → ça fait)
　　 (b) cent vingt et un moins neuf égale cent douze.
　　 (c) deux cents multipliés par cinq égale mille.
　　 (d) deux mille divisé par quatre égale cinq cents.
　　 (e) neuf cents divisé par trois égale combien? (trois cents)

(4)　(a) trente et un (b) cinquante-deux (c) vingt-cinq (d) cent cinquante (e) deux cents (f) cent dix (g) trois cent soixante (h) un million trois cents (i) sept cents mille (j) un milliard.

(5)

(i)　(a) vingt-cinquième (b) trente-deuxième (c) cinquantième (d) quatre-vingt-sixième (e) cent unième.

(ii) (a) troisième (b) premier . . . quatorzième (c) cinquante . . . vingt et unième
(d) deux cent trentième.

(6)

(i) Sentence 1   18 000 / 48 000 / 60 500 / 200 000

   Sentence 2   1 000 000 / plusieurs centaines

(ii) Sentence 3   vingt mille / cinquante millions cinq cents mille / trois millions
   cent mille cinq cents

   Sentence 4   douze millions / plus de 60 millions / plusieurs milliers

(7) (a) Our next meeting will be in a fortnight('s) (time).

(b) I have known her for about twenty years.

(c) My grandfather's gone sixty.

(d) I've already made a hundred or so job applications.

(e) There were thousands and thousands of candidates/applicants.

(8) (a) Mon anniversaire, c'est le 1er septembre, et le vôtre? (le tien?) – le onze
   juillet.

(b) Le prix moyen d'un bon repas est moins de deux cents francs en France.

(c) La France exporte chaque année des biens qui valent des milliards de
   dollars.

(d) Vous trouverez l'article à la page quatre-vingt-dix-sept dans le vingtième
   numéro du magazine.

(e) Elisabeth deux est la reine d'Angleterre.

(f) A, B, C sont les trois premières lettres de l'alphabet, et W, X, Y, Z sont
   les quatre dernières.

(g) Plus que la moitié de la population française/de la France, c'est-à-dire près
   de 30 millions de personnes, gagne moins de cinq mille francs par mois.

(h) Quel est le numéro de votre passeport?

(i) C'est le premier aujourd'hui, n'est-ce pas? – Non, c'est le deux.

(j) Henri VIII (huit) est le plus connu des rois d'Angleterre/anglais.

(k) Vous êtes notre millionième client.

(l) Seulement deux Français sur dix sont riches.

28 [193–7]

(1) (a) 7; (b) 1; (c) 9; (d) 8; (e) 10; (f) 4; (g) 5; (h) 3; (i) 6; (j) 2; (k) 11.

29 [198–202]

(1) (a) Je lui ai dit que j'étais content de son travail.

(b) Je vous présente mes parents et mes frères.

(c) Elle nous a invités à sa fête.

(d) Demande-leur de faire quelque chose.

(e) On leur a transmis le message.

(f) Écris-lui tout de suite.

(2) (a)/6 (b)/7 (c)/3 (d)/8 (e)/4 (f)/9 (g)/2 (h)/5 (i)/10 (j)/1
(3) (a) Y a-t-il encore du vin rouge? Oui, il nous en reste.
     (b) Cette affaire est délicate; le succès en est douteux.
     (c) Il n'est pas heureux, je le sais.
     (d) Je vous en ai déjà parlé.
     (e) J'ai vu Jean; nous en avons parlé récemment.

30 [203–14]

(1) (a) Il l'y a vue hier.
     (b) Elle lui a demandé s'il l'a vue.
     (c) Il lui en a apporté pour le fêter.
     (d) Il ne s'en souvient pas.
     (e) Il va lui en demander.
     (f) Elle a envie de leur en offrir un.
     (g) Il ne lui en a pas parlé.
     (h) Il le fera pour eux.
     (i) Ce n'est pas lui qui s'est trompé, c'est elle.
     (j) Donnez-les-moi; dites-la-nous.
     (k) Réfléchissez-y.
     (l) Rien ne les y autorise.
     (m) Donnez-m'en.
     (n) Envoyez-la-moi.
(2) (a) Je ne le lui ai pas dit.
     (b) Ne me la donnez pas demain.
     (c) Nous ne nous y sommes pas assis.
     (d) Ne nous le demande pas.
     (e) Ne nous reposons pas ici.
(3) Suggestions:
     (a) Elle a envoyé les paquets à Philippe et à moi.
     (b) Elle a pris le sac au voleur rapidement.
     (c) Donnez le fromage aux enfants.
     (d) Apporte-moi l'adresse.
     (e) N'avait-il pas pris la navette?
(4) (a) Tu peux me sauver / Vous pouvez me sauver.
     (b) Il a voulu lui parler.
     (c) Je vais le lui rendre.
     (d) Et la boiserie? – On va la repeindre.
     (e) Ils comptent nous l'envoyer la semaine prochaine.
     (f) Les paysans gagnaient de l'argent, mais ils n'en parlaient pas.
(5) (a) Elle l'a fait construire mais elle ne lui permet pas de la voir.
     (b) Puisque Pierre le lui a offert, elle devrait lui en parler.

    (c) Une exposition lui y est consacrée.

    (d) Je pourrais le leur envoyer.

    (e) Donnez-le-lui et n'en parlez plus.

(6) (i) m', vous, j'y, moi (ii) y, lui, d'y (iii) la leur, vous la, leur, les (iv) moi, le, vous, la, vous, n'y

(7) (a) One block of flats was pulled down last year, pending the destruction of the other.

    (b) She asked him why he was smiling and he told her.

    (c) She did not come home the day before, but she had promised to.

    (d) Sit on this chair? It is impossible (to do).

    (e) She was with Olivier, as I feared.

    (f) Adventure is no longer associated with discovery as it used to be.

    (g) There are honest answers and there are some that are not.

(8) (a) Elle trouve difficile de travailler.

    (b) Il a jugé inutile de rester.

    (c) Nous avons cru nécessaire de lui envoyer les lettres.

    (d) Il a jugé prudent de retirer leurs passeports.

    (e) Cette idée est largement fausse, on le sait.

31 [215–20]

(1) (a) Je veux que tu y ailles, toi / Je veux que vous y alliez, vous.

    (b) Mes amis voulaient attendre le commencement du film, mais moi, je voulais partir.

    (c) Qu'est-ce qu'il voulait, lui?

    (d) Eux, nous les respectons.

    (e) Nous, nous les respectons/Nous les respectons, nous.

    (f) Lui, vous le croyez? / Lui, tu le crois?

    (g) Elle le leur a donné à eux.

(2) (a) He is introducing you to her.

    (b) Everyone is led to count only on himself/herself.

    (c) Many of them are so poor that they cannot afford a meal.

    (d) I am going to work on my new programme to build my self-confidence.

    (e) He alone knows the answer.

    (f) Are you willing to give in to them?

    (g) 80 million children in the world have to work. Among them, 20 million are ill treated.

    (h) They did not have the right to stay there.

    (i) A lover of art and a painter himself, he turned to television.

    (j) We must avoid leaving young people to their own devices in the streets until dinner-time.

(3) (a) eux (b) moi (c) eux (d) eux (e) elles (f) lui (g) soi (h) elles
(i) vous (other answers are also possible) (j) moi (k) eux-mêmes (l) soi-même (m) elles-mêmes.

(4) These are suggested answers. Other combinations are also possible.
(a) Il joue mieux que toi. He plays better than you.
(b) Mes amis et moi avons décidé d'aller en France l'an prochain. My friends and I have decided to go to France next year.
(c) Vous et moi nous avons été convaincus par ses arguments. You and I were convinced by his arguments.
(d) Tu lui as téléphoné à elle? Did you telephone her?
(e) Le prof les leur a rendus à eux mais pas à moi. The teacher gave them back to them, but not to me.
(f) Lui et son frère iront au Canada au mois d'août. He and his brother will go to Canada in August.
(g) Il m'a écrit à moi, mais non pas à ma sœur. He wrote to me, but not to my sister.
(h) Nous autres Français, nous sommes passionnés de la philosophie. We French are passionate about philosophy.

(5) (a) lui (b) nous (c) lui-même (d) eux (e) soi (f) eux (g) soi-même

(6) Remember that disjunctive pronouns may be used in several ways, e.g. for emphasis; after prepositions; as a subject pronoun when separated from the verb; when there are two or more subjects; in comparisons, etc.
(a) It's my future being discussed.
(b) Fathers encourage children to leave home, whereas mothers prefer to keep them near them.
(c) He, who had lost everything, was at his wits' end.
(d) She's much livelier than you.
(e) She believes in him, but she's going to be disappointed.
(f) You're going to be introduced to him.
(g) It's a difficult situation when you find yourself all alone.
(h) As for me, I was determined to leave them.
(i) He'll defy all these people!
(j) Who did he see? – You and your husband.
(k) All excited at seeing her again, he ran to her.
(l) He's a spy. Beware!

32 [222–30]

(1) (a) son histoire (b) son père (c) son auto (d) ton/votre numéro (e) leur métier (f) mon lieu de naissance (g) ses lunettes (h) leurs promenades (i) nos activités (j) sa profession.

(2) (a) ses (b) nos (c) vos (d) leur (e) son (f) leur (g) sa passion, son œuvre
(h) leurs (i) mon jardin, ma maison, mes enfants (j) ta route, ta peau.
(3) (a) Notre maison à nous (b) leur voiture à eux/elles (c) mes parents à moi
(d) son père à elle (e) tes décisions à toi.
(4) (a) Oui, mon colonel, tout est prêt.
(b) Pardonnez-moi, mon père.
(c) Merci, monsieur le Ministre.
(d) Mesdames et Messieurs, nous remercions l'Association de nous avoir invités.
(e) Je viens de recevoir votre lettre, mon oncle.
(5) (a) Catharism is a heresy which was widespread in the south-west of France;
Toulouse, Albi and Carcassonne were its centres.
(b) The town has restored its monuments and cleaned up the frontages of its
buildings.
(c) I like this jacket but the sleeves are too long.
(d) The government, who fear excessive use of this law, would like to limit
its field of application.
(e) He read the book but did not understand its conclusion.
(6) (a) les (b) la (c) la (d) les (e) les.
(a) You have (in your hands) the second edition of the paper.
(b) The psychotherapist asks the patient to lie down and say what comes into
his/her head.
(c) The organizer of the exhibition has laid hands on some (real) treasures.
(d) He doesn't let anyone tread on his toes.
(e) After breaking both legs, one after the other, at 14 and 15, Toulouse-
Lautrec stopped growing.

33 [231–3]

(1) (a) Oui, ce sont les miens/les nôtres.
(b) Oui, c'est la sienne.
(c) Oui, ce sont les leurs.
(d) Non, ce n'est pas le sien, c'est le nôtre.
(e) Non, ce ne sont pas les leurs, ce sont les miens.
(2) (a)/(b); (b)/(a); (c)/(g); (d)/(e); (e)/(f); (f)/(c); (g)/(d).
(a) There was disorderly commotion, then the stranger pushed his way through
the ranks of his people.
(b) This sweeping reform of the army is aimed at making our soldiers more
effective.
(c) Has your car broken down? You can take mine.
(d) You have made all these ideas your own.
(e) Take that other pen, this one is mine.
(f) He will never be one of us.
(g) Whose are these keys? They are mine.

34 [234–47]

(1) (a) cette (b) ces (c) ce (d) cet (e) ce (f) ces (g) cette (h) ces (i) cette (j) cette.
(2) (i)
   (a) This party continues to gain public support.
   (b) Numerous teams from television and the press ensure that this exceptional event will receive considerable media coverage.
   (c) This identity card bears the photograph of its holder.
   (d) These black and white films were a great success when they first came out.
   (e) These sports are for specialists.
   (f) This solution can only be adopted as a last resort.
   (g) Thanks to being broadcast by satellite, these worldwide channels already have 300 million potential spectators outside the United States.
   (h) These agreements brought the war to an end.
   (i) This year we celebrate the centenary of the death of this very human writer.
   (j) She is the first swimmer to be punished for using drugs.
   (k) This leading scientist is renowned for his work and his research.
   (ii) (a) ces partis (b) ces événements (c) ces cartes d'identité (d) ce film (e) ce sport (f) ces solutions (g) cette chaîne (h) cet accord (i) ces années, ces écrivains (j) ces disciplines (k) ces hommes.
(3) (a) Ces gens-ci sont très ennuyeux.
   (b) J'aurais bien acheté des fleurs, mais celles-ci ont l'air toutes fanées.
   (c) Tu vas / vous allez prendre quel fromage, celui-ci ou celui-là?
   (d) Les enfants sont difficiles à nourrir ces jours-ci.
   (e) Nous avons deux billets. Celui-ci est à toi/vous et celui-là est à moi.
   (f) Allons, décide-toi/décidez-vous. Tu prends/vous prenez quelle robe, celle-ci ou celle-là?
   (g) A cette époque-là, il vivait seul.
   (h) Il téléphona au médecin. Celui-ci n'avait pas le temps de répondre.

35 [239–44]

(1) (a)/(h); (b)/(g); (c)/(e); (d)/(c); (e)/(i); (f)/(j); (g)/(f); (h)/(b); (i)/(d); (j)/(a).
   (a) Is there a cure/remedy for that?
   (b) A kilo of apples, please. Anything else?
   (c) This politician advocated an imaginative form of diplomacy, in spite of a shrinking budget.
   (d) Hitting a teacher! People have been expelled for less than that.
   (e) Suicide affects certain categories of people (which are the same) no matter what country we consider.
   (f) Many French people prefer to go to the country in summer because 'it is less expensive'.

(g) Politicians are hesitant about limiting the use of cars, but it will probably come to that in the not too distant future.
(h) We saw him last week. Where?
(i) An experimental method has been discovered for measuring the solidifying properties of certain metal alloys. That information is crucial for the motor industry.
(j) 'We are not superstitious, and the fact that we are not has brought us luck!'

36 [245–7]

(1) (a) celle; celui (b) à celui (c) celles (d) à celui (e) ceux-ci (f) celle (g) ceux (h) celle (i) de celui
(2) (a) celui qui/celle qui (b) celle des (c) ceux de, ceux de (d) Ceux qui (e) celui d'assouvir (f) ceux qui (g) celle à qui, celle que (h) ceux qui (i) ceux pour qui (*or* ceux pour lesquels)

37 [248–61]

(1) (a) Il est (b) ce n'est pas (c) il fut (d) c'est (e) Ce n'est pas (f) Est-ce (g) c'est (h) c'est (i) Il est ingénieur? Oui, c'est un bon ingénieur. (j) C'est.
(2) (i) [253–7]
(a) Dépenser plus d'argent qu'on en possède, c'est interdit.
(b) Faire des projections à long terme pour ce type de maladie, c'est difficile.
(c) Trouver des livres excellents dans cette librairie, c'est impossible.
(d) Ranger les idées noires parmi les symptômes classiques de l'adolescence, c'est tentant.
(e) Il y a conflit d'intérêt entre les utilisateurs et les constructeurs, c'est certain.
(ii)
(a) Il est difficile de jouer du violon.
(b) Il est dangereux de rester ici.
(c) Il est impossible de trouver leur maison.
(d) Il est probable que nous traverserons la Manche par le tunnel.
(e) Il est évident que le taux de criminalité va croissant.
(iii)
(a) Ce sont deux astronautes américains qui ont effectué les travaux.
(b) C'est en regardant devant et non pas derrière que nous arriverons à maîtriser le pessimisme.
(c) C'est de sa propre volonté qu'il a dû quitter le pays.
(d) C'est l'État qui fixe le taux de remboursement des médicaments.
(e) C'est parce que d'autres hommes se sont posé ces questions qu'ils ont fondé ce comité français.
(f) C'est dans une ancienne usine d'automobiles que les dirigeants socialistes se sont réunis.

(3) (i) [258–61]
- (a) What causes a more flexible interpretation of these criteria is the difficulty experienced by each country in complying with them.
- (b) Being numerous is to be condemned to being poor.
- (c) It would be a lie to say that the managing director is not thinking of a reduction in staff.
- (d) The drawback to the information age we live in is that people meet less and less in their dealings with each other.
- (e) Those we should be criticizing are the government authorities.
- (f) Taking all the senior executives and dividing by three to create the new board of directors would be completely absurd.
- (g) The future is integration.

38 [262–77]

(1) (a) Aller à l'université ne concerne encore qu'une minorité qui en est fière.
- (b) Ne pas contrôler sévèrement les agressions innombrables que cette société industrielle engendre est condamnable.
- (c) Le roi demande que les prisonniers dont la libération ne menace pas la sécurité du pays soient amnistiés.
- (d) Une équipe internationale de scientifiques a été réunie, qui devrait rendre dans les jours à venir ses premières conclusions.
- (e) Ces changements auxquels vous songez depuis longtemps, sont-ils prévus pour cet été?
- (f) Un accélérateur de particules est une sorte de tunnel dont les parois sont de gros aimants.

(2) (a) auquel (b) duquel (c) dont (d) lesquelles (e) qu'il faut (f) lequel (g) dont (h) desquelles (i) dont (j) qui.

(3) (a) A team of researchers from several countries (including France) working in the United States have made an amazing discovery.
- (b) At the International Film Festival there is something to excite even the most blasé filmgoer.
- (c) The quantity of medical care one needs varies according to one's social class.
- (d) They are people we trust.
- (e) The coming months will be difficult.
- (f) A plan will be drawn up, and thereafter, provisional committees will be set up.

(4) (a) ce que (b) ce qui (c) Ce dont (d) ce qui (e) ce qu' (f) (tout) ce qui (g) où (h) ce que (i) Qui (j) ce qui.

(5) The following are suggestions. Note in particular the word order in (c).
- (a) Ce n'est pas l'homme qui doit s'adapter à la machine, mais l'inverse.
- (b) Il voulait retrouver cet univers de rêves qu'il avait perdu.

(c) Il y a à travers le monde des milliers d'enfants dont la vie est menacée.

(d) Il y a là un mystère auquel il faut bien trouver une explication.

(e) La musique de film, c'est ce qui reste quand on a tout oublié.

(6) (a) Selon la philosophie française, l'étudiant est un vase vide qu'il faut remplir.

    (b) Le Grand Prix du Canada est un événement dont on fête cette année le 30ᵉ anniversaire.

    (c) Ce sont des pays francophones : ce qui les touche nous touche aussi.

    (d) Un jour qu'il se rendait au bureau . . .

    (e) . . . jusqu'au jour où les ouvriers décidèrent qu'ils avaient besoin de plus d'argent.

(7) qui, ce qui, où, qui, dont.

39 [278–90]

(1) (a) quelles (b) Qui, que (c) quoi (d) (tout) ce que (e) qui (f) Qui est-ce qui / Qui (g) Que (h) quoi (i) ce qui (j) Lequel.

(2) (a) Dites-moi / Dis-moi / Je me demande (there are many alternative ways of introducing an indirect question) ce qui explique une telle erreur.

    (b) Dites-moi (etc.) qui sont ces jeunes filles.

    (c) Dites-moi ce qu'elles disent.

    (d) Dites-moi que (quoi) répondre.

    (e) Dites-moi ce qu'il est devenu.

(3) (a) Qu'est-ce que le rhodium? (Qu'est-ce que c'est que le rhodium?)

    (b) De quoi les Français se veulent-ils responsables?

    (c) Quel a été le résultat de ces discussions?

    (d) Qu'est-ce qu'il faudrait faire / Que faudrait-il faire pour que les consommateurs en achètent davantage? / Pour que les consommateurs en achètent davantage, il faudrait faire quoi?

    (e) Si vous aviez à déménager, dans quelle région aimeriez-vous habiter?

    (f) Quel est le chemin le plus court? / Lequel des chemins est le plus court?

    (g) Qu'est-ce qui a été découvert? / Qu'est-ce qu'on a découvert? / Qu'a-t-on découvert? / On a découvert quoi?

40 [291–9]

(1) (a) des uns . . . des autres (b) les uns . . . les autres (c) ni l'un ni l'autre (d) les uns des autres (e) l'un sur l'autre.

    (a) Some people's job security involves other people's lack of job security.

    (b) 'It's the government's fault,' some say. 'It's all organized by the Right,' the others reply.

    (c) This show doesn't attract either of them.

(d) They work thousands of miles away from one another.

(e) Both political parties blame each other for the (appalling) situation.

(2) (a) par un autre (b) aux autres (c) une autre journée (d) des milliers d'autres (e) les unes avec les autres (f) de temps à autre (g) d'autre part.

(3) (a)/(j); (b)/(i); (c)/(h); (d)/(g); (e)/(d); (f)/(a); (g)/(b); (h)/(f); (i)/(c); (j)/(e).

(a) Some people say that laughter is the best medicine.

(b) Political Europe nowadays is a growing cacophony of different nations who are supposed to be coming together.

(c) Discover the delights of a table that can satisfy the most discerning of gourmets.

(d) We will be in a position to confront these problems when our revenue gives us some room to manoeuvre.

(e) His/Her remarks caused a certain surprise.

(f) There was a terrible crush in the street where some people fell.

(g) These statistics reflect the level of financial poverty in various countries of the world.

(h) Teachers react differently to the lack of respect shown by certain pupils.

(i) Sporadic confrontations with the police have become commonplace in certain areas.

(j) Number one? That's no reason to put the flags out.

(4) (a) Chaque … Chacun (b) chacune (c) Chacun (d) Chaque … chacun (e) chacun

41 [300]

(a) La nouvelle 2CV a les mêmes formes rondes et les mêmes caractéristiques que le modèle Citroën de 1948.

(b) Nous n'avons même pas tenu compte de cette proposition.

(c) Cet écrivain a connu la clandestinité même.

(d) Il est encore plus intelligent que son père.

(e) Son gouvernement n'est pas quand même indifférent.

(f) Il nous faut des leaders courageux à même d'imposer leur vision.

(g) Le candidat devra détenir un PhD en sciences / un doctorat scientifique de même qu'une formation avancée en neurologie.

42 [301–2]

(1) (a) N'importe qui; n'importe quel (b) n'importe quelle (c) n'importe où (d) n'importe quel.

(2) Note the change of pronoun to *nous* where *on* is the object pronoun in (a) (see Price, *A Comprehensive French Grammar*, **302**). Note also the comment on *l'on* in the same section, for sentences (e) and (f).

(a) Nature acts on us without our even noticing (it).
(b) A young, outward-looking population has given birth to a spirit of enterprise whose effects will only be fully appreciated a few years from now.
(c) Television creates more stars than the cinema: after all, people watch it more often.
(d) One can question the independence of doctors where pharmaceutical laboratories are concerned.
(e) The use of this product, which is presented as being miraculous, does however give rise to some worries.
(f) The spokesman for public safety indicated that they were still keeping a close watch on the situation.

43 [303–5]

(1) Suggestions:
Être étranger à Pékin reste une expérience à nulle autre pareille.
Tel arbre tel fruit.
Vous devez soumettre des demandes de fonds aux organismes importants tel le Conseil de recherches.
On arrivait à peine à voir les traces oranges des flammes tellement il y avait de la fumée.
Les champions d'une telle qualité sont exceptionnels. Jamais nous ne reverrons son pareil.
Nous ne fréquentons plus cet établissement; c'est un restaurant quelconque.

44 [306–10]

(1) (a) quelque (b) quelques (c) quelques-unes (d) Quelque (e) quelques (f) quelques-uns (g) quelque (h) Quelque (i) quelque (j) Quelles que (k) quel que

45 [311–16]

(1) (a) quelque chose (b) qui que ce soit (c) quiconque (d) quelqu'un (e) quelque chose (f) quelconque

46 [317]

(1) (a) Tout (b) Tous (c) tout (d) tous (e) tout, tout (f) toutes, tous (g) toute (h) tout (i) toutes, tous (j) Toute (k) tout (l) toutes (m) tout (n) Tout ce qui

47 [320–37]

(1) (a) autant que (b) Plus d'un CD (c) davantage (d) tant (e) Moins d'un / Plus d'un (f) plusieurs (g) moins que (h) peu de, autant de (i) tant d'enfants (j) nombre de / plusieurs / tant de

(2) (a) autant de (b) autant (c) que de (d) la presque totalité des (participants) (e) plus sympathique de beaucoup

(3) (a) Le chômage touche plus d'un adulte sur deux dans certaines cités / villes.

   (b) Il y a trop d'animosité personnelle pour permettre au projet de réussir / pour permettre le succès du projet.

   (c) Ce parti n'a pas grand-chose à dire sur les questions importantes.

   (d) Les attentes sont tellement / si élevées que je ne pense pas que les gens accepteront moins qu'une victoire.

   (e) Beaucoup de jeunes ménages / Bien des / de jeunes ménages vivent actuellement / de nos jours en dessous du seuil de la pauvreté.

   (f) Beaucoup des jeunes ménages / Bien des jeunes ménages qui ont démenagé ici vivent actuellement en dessous du seuil de la pauvreté.

(4) (a,e,f) (b,b,d) (c,d,a) (d,c,e) (e,f,c) (f,a,b)

48 [340–3, 345–81]

(i) [340–2, 345–81]

(1) *avoir/être* [348–50]

Form	Person	Tense/mood	Infinitive	Present participle
aura	3 sing.	futur	avoir	ayant
fûmes	1 pl.	passé simple	être	étant
serais	1/2 sing.	cond. prés.	être	étant
ai	1 sing.	présent	avoir	ayant
aurait été	3 sing.	cond. passé	être	étant
eût	3 sing.	subj. impf.	avoir	ayant
soient	3 pl.	subj. prés.	être	étant
aviez	2 pl.	imparfait	avoir	ayant
aies eu	2 sing.	subj. passé	avoir	ayant
serai	1 sing.	futur	être	étant

(2) First conjugation [351–8]

jetterai	1 sing.	futur	jeter	jetant
donnèrent	3 pl.	passé simple	donner	donnant
mangeais	1 sing.	imparfait	manger	mangeant
cède	2 sing.	impératif	céder	cédant
eus créé	1/2 sing.	passé ant.	créer	créant
criions	1 pl.	imparfait	crier	criant
achetiez	2 pl.	imparfait	acheter	achetant
répète	1 sing.	présent	répéter	répétant
renverrait	3 sing.	cond. prés.	renvoyer	renvoyant
eût pensé	3 sing.	subj. plusqp.	penser	pensant

(3) Second conjugation [359–66]

hais	2 sing.	présent	haïr	haïssant
sers	1 sing.	présent	servir	servant
finisse	1/3 sing.	subj. prés.	finir	finissant
découvrent	3 pl.	présent	découvrir	découvrant
cueillerons	1 pl.	futur	cueillir	cueillant
dormîtes	2 pl.	passé simple	dormir	dormant
est parti(e)	3 sing.	passé comp.	partir	partant
finissons	1 pl.	impératif	finir	finissant
ayez menti	2 pl.	subj. passé	mentir	mentant
auront couvert	3 pl.	futur antérieur	couvrir	couvrant

(4) Third conjugation [367–74]

rompt	3 sing.	présent	rompre	rompant
avais vendu	1/2 sing.	plusqueparf.	vendre	vendant
rendirent	3 pl.	passé simple	rendre	rendant
réponds	2 sing.	impératif	répondre	répondant

bats	2 sing.	présent	battre	battant
vainquisse	1 sing.	subj. impf.	vaincre	vainquant
atteignait	3 sing.	imparfait	atteindre	atteignant
connûmes	1 pl.	passé simple	connaître	connaissant
construisîmes	1 pl.	passé simple	construire	construisant
rendrez	2 pl.	futur	rendre	rendant

(5) Irregular verbs [375–8]

dût	3 sing.	subj. impf.	devoir	devant
reçois	1/2 sing.	présent	recevoir	recevant
t'assieds	2 sing.	présent	s'asseoir	s'asseyant
meurent	3 pl.	subj. prés.	mourir	mourant
va	2 sing.	impératif	aller	allant
mit	3 sing.	passé simple	mettre	mettant
acquérions	1 pl.	subj. prés./imparfait	acquérir	acquérant
saurai	1 sing.	futur	savoir	sachant
fassent	3 pl.	subj. prés.	faire	faisant
tins	1/2 sing.	passé simple	tenir	tenant
voyais	2 sing.	imparfait	voir	voyant
lisiez	2 pl.	subj. prés.	lire	lisant
avons plu	1 pl.	passé comp.	plaire	plaisant
viennent	3 pl.	subj. prés.	venir	venant
écrivais	1 sing.	imparfait	écrire	écrivant
vécut	3 sing.	passé simple	vivre	vivant
conclurai	1 sing.	futur	conclure	concluant
disiez	2 pl.	imparfait	dire	disant
voudrais	2 sing.	cond. prés.	vouloir	voulant
suit	3 sing.	présent	suivre	suivant

(6) Reflexive verbs [379–81]

je me suis éprise	1 sing. F	passé composé	s'éprendre	s'éprenant
vous vous êtes efforcées	2 pl. F	passé composé	s'efforcer	s'efforçant
nous nous aimions	1 pl.	imparfait or subj. prés.	s'aimer	s'aimant
tais-toi!	2 sing.	impératif	se taire	se taisant
elle s'en alla	3 sing.	passé simple	s'en aller	s'en allant
elles se sont réfugiées	3 pl. F	passé composé	se réfugier	se réfugiant
je me lavasse	1 sing.	subj. impf.	se laver	se lavant
vous vous êtes écrit	2 pl. M	passé composé	s'écrire	s'écrivant
vous vous êtes blessés	2 pl. M	passé composé	se blesser	se blessant
je me fusse levée	1 sing. F	subj. plusqp.	se lever	se levant

(ii) [343]

(1) (a) Dans la région de Grenoble, il a gelé pendant la nuit, mais maintenant il dégèle.
  (b) Il pleuvra et il fera froid en Alsace-Lorraine aujourd'hui et demain.
  (c) En ce moment il grêle et il tonne sur le Massif central.
  (d) Cet après-midi il fera du soleil et il fera chaud en Provence.
  (e) Il y aura du vent ce soir sur les côtes de Bretagne.
(2) (a) faut-il
  (b) Il s'agit
  (c) il est impossible
  (d) Il est interdit
  (e) Il existe, il est impossible
  (f) il ne reste qu'à
  (g) il régnait

(h) Il leur faut comprendre

(i) A ce qu'il me semble

(j) Il ne suffit pas

49 [382–5]

(1) (a) a été créé

(b) aura été retenue

(c) est célébré

(d) qu'être frappé

(e) a été blessé

(f) ont été rénovées et nettoyées

(g) d'être annoncés

(h) a été menée; ont été repartis

(i) ont été fabriquées

(j) soit effectuée

(k) a été couronnée

(l) d'être nommé

(m) a été relevé

(n) sera ouvert

(o) est exclusivement réservée

(p) ont été créés

(q) sera célébré

(r) a été entièrement restauré; est situé; est planté; est traversé

(s) serez chargé(e)

(t) est contrôlé

(2) (a) Le garçon, qu'on appelle Jean dans le film, est drogué.

(b) Peut-on imaginer la paix entre les deux côtés?

(c) Comme on le montre dans le livre, on demande aux professeurs d'accomplir trop de tâches.

(d) Des questions difficiles se posent.

(e) La fatigue s'oublie vite.

(f) Le village se voit de loin.

(g) On parle français ici / Le français se parle ici.

(h) Ce sont des minéraux que l'on ne trouve nulle part ailleurs.

(i) Les bruits qui nous parvenaient du palais se confirment : le prince a demandé le divorce.

(j) Ils se sont vu interdire l'accès à l'exposition.

50 [386–9]

(1)

Affirmative	Interrogative	Negative	Negative-interrogative
tu parles	parles-tu?	tu ne parles pas	ne parles-tu pas?
elles étaient	étaient-elles?	elles n'étaient pas	n'étaient-elles pas?
il viendra	viendra-t-il?	il ne viendra pas	ne viendra-t-il pas?
vous avez pensé	avez-vous pensé?	vous n'avez pas pensé	n'avez-vous pas pensé?
je dois	dois-je?	je ne dois pas	ne dois-je pas?
elle vient	vient-elle?	elle ne vient pas	ne vient-elle pas?
nous avions voulu	avions-nous voulu?	nous n'avions pas voulu	n'avions-nous pas voulu?
il aurait été fini	aurait-il été fini?	il n'aurait pas été fini	n'aurait-il pas été fini?
tu te souviens	te souviens-tu?	tu ne te souviens pas	ne te souviens-tu pas?
il faut	faut-il?	il ne faut pas	ne faut-il pas?

(2) (a) Avez-vous pensé / n'avez-vous pas pensé
    (b) Il ne faut pas / il faut / je dois / je ne dois pas
    (c) Ne te souviens-tu pas / te souviens-tu / parles-tu / ne parles-tu pas
    (d) Nous n'avions pas voulu
    (e) Ne viendra-t-il pas / viendra-t-il / vient-elle / ne vient-elle pas
    (f) il aurait été déjà fini
    (g) Je ne dois pas / je dois / il faut / il ne faut pas
    (h) Étaient-elles / N'étaient-elles pas
    (i) Parles-tu / Ne parles-tu pas
    (j) Elle vient

51 [390–7]

(1) (a) sont; vont
    (b) est
    (c) ont

(d) croit
(e) disent
(f) bénéficie
(g) nous avons
(h) s'inspirent
(i) savent
(j) remercions
(2) (a) ont
(b) vient
(c) a
(d) connaît
(e) est attirée
(f) a été sauvée OR ont été sauvés
(g) choisissent
(h) préfèrent
(i) annonce
(j) s'approchait

52 [399, 404, 413–14]

(1) (a) lives; has (b) tells; sets off (c) you go; I will stay; works out; I will join you (d) have been waiting (e) will be launching (f) the effects have been known / we have known; described (g) is working (h) seeks (i) burnt (down); has never forgotten; expresses (j) housed
(2) Suggested answers (adapted from the *Petit Larousse*):
(a) est de couleur brun clair.
(b) dépasse 4m de long.
(c) distribue les lettres.
(d) a pour objet la description de la surface de la terre.
(e) se nourrit principalement d'insectes.
(f) monte et descend chaque jour dans un même lieu.
(g) expose brièvement les choses essentielles.
(h) fixe la plante dans le sol et y absorbe l'eau et les sels minéraux.
(i) frotte avec un archet.
(j) fabrique surtout en Ecosse et aux États-Unis.

53 [405–10]

(1) (a) tint; fut; fréquentaient; périt.
(b) interrogeait; s'ouvrit; entra; s'appuya; suivait.
(c) semblait; j'ai pensé; j'ai acheté; devint; éclata; fit.
(d) J'aimais; complétait; menaça; continuais; j'ai commencé.
(e) est mort; a été; a ravagé; s'est déclaré; dormaient.

(2) (a) J'allai me promener; C'était; étaient assis; était.
  (b) faisait (l'inspection des traverses); il fut abordé; qui s'avançait.
  (c) J'en ai fait; C'était; on s'arrêtait; on n'entendrait jamais parler (NB this is a conditional).
  (d) commença; tu as dit; leva les yeux; voulais dire.
  (e) s'était levé (NB this is a pluperfect); se détourna; monta/escalada; menait.
(3) No key; but some clues:
  (a) Use preterite, imperfect.
  (b) Use preterite if person is dead; perfect if alive (plus imperfect, pluperfect, present as necessary).
  (c) For a news item, use perfect and imperfect; for historical background, a particularly dramatic event or a sports report, use preterite too.
  (d) Use perfect and imperfect.
  (e) Use preterite (and imperfect) for main historical events; for more recent events you could use perfect. You could also use the historic present instead of the preterite.

54 [411–12]

(1) (a) fut; subit; avaient changé.
  (b) commença; avaient assimilé.
  (c) avait bu; a poussé.
  (d) avait disparu; a retrouvé.
  (e) était; j'avais prise (NB agreement!); n'était; alluma.
(2) (a) avions loué
  (b) eut tourné
  (c) j'étais
  (d) eut fini
  (e) je l'ai eu vu
  (f) eut compris
  (g) eurent trouvé
  (h) a été partie
  (i) j'avais achetée (NB agreement!)
  (j) fut-il sorti

55 [413]

(1) (a) Il y a 8 jours, on a annoncé
  (b) attend . . . depuis début mars
  (c) Voilà / voici cinq ans qu'on n'a pas voté
  (d) Je savais . . . depuis dix ans
  (e) Il y avait un mois que j'y étais / J'étais là depuis un mois
  (f) Elle a gagné . . . il y a huit mois

(g) Voici / Voilà bientôt trois ans qu'ils sont divorcés

(h) Depuis . . . ils ne se parlent plus

(i) Je ne les ai pas vus depuis qu'ils se sont mariés

(j) il y a / ça fait combien de temps

56 [414]

(1) (a) quittera

(b) sera

(c) Vous l'aurez peut-être oublié

(d) fonde . . . sera (historic present/future)

(e) allez finir

(f) vivrez

(g) j'aurai fini . . . j'irai

(h) tu vas m'offrir

(i) aura été écarté . . . pourrons

(j) va connaître . . . vient

57 [415–24]

(1) (a) feriez-vous si vous gagniez

(b) quelles conséquences cela aurait sur / quelles seraient les conséquences sur

(c) auraient baissé de 50%

(d) ne survivraient pas

(e) Le matin, nous buvions . . . ça nous réchaufferait

(f) Je le ferais volontiers!

(g) devrait démissionner . . . il aurait détourné

(h) ferait . . . serait

(i) ce qui arriverait

(j) Qu'elle aurait pu être heureuse

(2) No key, but some guidance on the tense:

(a) imperfect; (b) past conditional; (c) conditional; (d) imperfect or pluperfect; (e) conditional; (f) future; (g) past conditional; (h) future; (i) past conditional; (j) conditional; (k) present; (l) imperfect; (m) imperfect or pluperfect; (n) conditional; (o) pluperfect.

58 [425–38]

(1) (a) . . . à consommer . . .

(b) Je crois vous avoir rencontré . . .

(c) . . . pensent partir . . .

(d) Après avoir obtenu . . .

(e) Il me faut travailler plus.

(f) Que faire?

(g) Toutes ces fenêtres sont à nettoyer / Il faut nettoyer . . .

(h) Tenir ce produit au frais.

(i) . . . cette opinion, que je crois être la bonne.

(j) Dire la vérité à ta sœur serait . . .

(2) (i)   J'ai regardé le train démarrer

(ii)   personne d'autre ne me ferait jamais pleurer

(iii)   J'ai commencé à m'éloigner

(iv)   «Faites prendre les bagages au porteur!»

(v)   «Je vous ai vue partir» (see **466** re agreement here)

(vi)   «Mon fils vient de nous rendre visite»

(vii)   «je l'ai laissé partir de bonne heure»

(viii) «sa copine se fait opérer de l'appendicite»

(ix)   «Est-ce que vous allez rentrer»

(x)   Assez d'écouter

(xi)   «vous vous ferez écraser»

(xii)   de me faire héler un taxi.

59 [439–46]

(1) (a) En annonçant; croissante

(b) Ayant gagné

(c) espérant; fatigant

(d) en gardant

(e) sachant

(f) empruntant

(g) convaincant

(h) soi-disant; combattant

(i) représentant; aidant; alléchantes; fondants

(j) convenant

(2) (a) By announcing his candidature at the forthcoming general election, the prime minister aims to fight rising inflation.

(b) Having won the match against Brest last week, Perpignan are hoping to win tonight.

(c) Every year, more and more visitors hoping to find sun, peace and the exotic, travel to Goa, despite the tiring journey.

(d) We have built a large hypermarket, while retaining the rural atmosphere of the village.

(e) Is a lion born in captivity, who does not know how to hunt zebra in the savannah, really still a lion?

(f) Successive waves of immigrants, travelling by different routes, arrived in the new world.

(g) It is a very convincing argument, but . . .

(h) A so-called war veteran deceived us.

(i) Ask for our brochure; inside you will find a superb poster of all the different French cheeses, and recipes to help you make mouth-watering/ tempting salads and dishes that melt in the mouth.

(j) Local company seeks locations suitable for a pet-food factory.

60 [447–71]

(1) (a) fut partie
    (b) ai regardés; suis parti(e)
    (c) auraient été
    (d) avait prises
    (e) suis tordu
    (f) avons fait
    (g) sont donné
    (h) avez-vous passées
    (i) est restée; a gardé; l'avait quittée; est devenue
    (j) suis descendu(e); j'ai sorti; j'ai attendu; suis entré(e)

61 [473–506]

(1) (a) perfect; relative clause [494]
    (b) present; possibility/doubt [483ii]
    (c) pluperfect; conditional [478]
    (d) *dire*: present; to be accomplished [482i]; *savoir*: present; purpose [489]
    (e) perfect; reaction [485iv]
    (f) present; reality of event denied [484iii]
    (g) present; to be accomplished [482i]
    (h) pluperfect; conditional [478]
    (i) *éclater*: present; to be accomplished [482i]; *faire*: present; purpose [489]
    (j) imperfect; possibility/doubt [483ii]

(2) (a) . . . that the continent <u>has known</u> . . .
    (b) . . . that such a woman <u>could</u> be(come) . . . / <u>might</u> be . . .
    (c) Who <u>would have believed</u> it?
    (d) I do not want you <u>to say</u> anything / I would rather you <u>didn't say</u> anything . . . so no one <u>will</u> know / <u>will find out</u> / <u>knows</u> / <u>finds out</u>
    (e) . . . that she <u>spoke</u> like that . . .
    (f) . . . the board of directors is not opposed to his <u>departure</u> / does not oppose . . .
    (g) . . . does not allow me <u>to be quiet</u> . . .
    (h) . . . he <u>could have touched</u> . . .

(i) The <u>bombshell</u> of the false voucher scandal was enough to cause the <u>bankruptcy</u> of the company.

(j) ... that the queen <u>would defy</u> him.

Conclusion: As there is no exact equivalent in English, the subjunctive can be translated in many different ways, including indicative present, past and future tenses, the conditional, use of modal verbs, infinitives and nouns to replace verb phrases.

(3) (a) Le moins qu'on puisse demander aux hôpitaux, c'est de ne pas propager la maladie.

(b) Il est dommage que sa sauce hollandaise n'ait pas été réussie.

(c) Il faut que les démocrates s'assoient autour d'une table et qu'ils fassent les réformes.

(d) ... la fuite avant qu'ils ne soient tous rattrapés.

(e) ... à l'aéroport, bien qu'un accord ait été conclu ... grévistes, l'avion n'a pas ...

(f) ... à sa mère, afin qu'elle l'allaite et l'élève ...

(g) Il est bien possible qu'elle ait profité de ...

(h) ... Indes sans que personne ne connaisse ...

(i) ... différentes pour qu'aucun besoin ne soit oublié

(j) Pourvu que l'on continue à ...

62 [507–13]

(1) (a) Une amitié pourrait s'avérer ... il se peut qu'on vous incite à ...

(b) J'aurais dû dire quelque chose ...

(c) Ma fille voudrait apprendre ...

(d) ... il faut être ...

(e) ... un(e) licencié(e) devrait être ...

(f) Quelque expérimenté que l'on soit ...

(g) ... il tenait absolument à prendre le train

(h) La vie d'une religieuse doit être ...

(i) ... je voudrais donner ...

(j) Pourrais-je attirer votre attention sur ...

63 [514–17]

(1) (i)
(a) Mettez
(b) Versez
(c) Mixez
(d) Versez
(e) Faites cuire ... n'ouvrez pas
(ii) No key

(2) (a) Tu ne tueras pas; tu ne commettras pas . . . ; tu ne voleras pas.
   (b) Abonnez-vous à . . . et recevez . . . Remplissez vite . . . et envoyez-le à
       . . .
   (c) Ne pas se pencher au dehors.
   (d) Ne soyons pas dupes . . .
   (e) . . . il faut que toi, tu le fasses.
   (f) «Qu'il revienne demain!»
   (g) Mettez le beurre . . . faites-le fondre; ajoutez-y . . . / Mettre . . . le faire
       fondre; y ajouter . . .
   (h) . . . fais-le toi-même!
   (i) . . . vous me le direz . . .
   (j) N'ayons pas peur . . .

64 [518–38]

(1) (a) à; (b) à (games)/de (musical instruments); (c) none; (d) à/en; (e) à;
     (f) none *but* demander qch. à qun.; (g) de; (h) de; (i) de; (j) de.
(2) No key
(3) [519–27]
    1 à E; 2 de F; 3 – A; 4 au H; 5 de G; 6 à B; 7 à C; 8 de I; 9 à D; 10 de J.
(4) [528–38]
    1 à D; 2 – H; 3 à A; 4 de J; 5 à I; 6 – B; 7 d' or à E; 8 de G; 9 à C; 10 à F.
(5) [538]
   (a) The count raised the glass to his lips and sipped the champagne: T
   (b) It's the story of an English professor (teacher), who swaps (changes)
       places with an American colleague: T
   (c) In such cases, it is the university senate which decides on the conferral of
       degrees: I
   (d) We owe the invention of the wind-up radio to Trevor Baylis: T
   (e) Yes, everything is there: my keys, purse, diary: nothing is missing: I
   (f) I now turn to (come to) the conclusion of my paper . . . : I
   (g) Little Red Riding Hood came up to her grandmother's bed: R
   (h) The journey was quite difficult: I had to change at Amsterdam: I
   (i) The fall of the Berlin Wall induced him to (made him decide to)
       resign: T
   (j) You must go; the film is a must (shouldn't be missed): T

65 [539–41]

No key, but use a good dictionary for ideas.

66 [633–43]

(1) (a) No (b) Yes (*Souvent le travail au noir* . . .) (c) Yes (*Parfois la proportion* . . .) (d) No (e) No (f) Yes (*Depuis 1994 PR* . . .) (g) No (h) No (i) No (j) No . . . no.

(2) (a) . . . avait pratiquement cessé.
  (b) . . . pratiquement stables cette année / Cette année . . . pratiquement stables.
  (c) . . . n'a véritablement évolué que . . .
  (d) . . . l'air profondément triste.
  (e) Il n'avait absolument pas l'intention . . .
  (f) . . . vous a déjà trompée . . . questionna astucieusement le détective.
  (g) Je n'ai pas très bien mangé . . . je suis parti tôt le lendemain matin . . . le lendemain matin je suis parti tôt . . . le lendemain matin je suis tôt parti.
  (h) . . . il fait tellement beau . . . nous coucher dehors.
  (i) . . . m'ont toujours donné un cadeau à Noël / A Noël mes parents . . .
  (j) En Touraine . . . c'est vachement relax.
  (k) Malheureusement près de 5% . . .
  (l) . . . paraîtront normalement.

(3) (i) En ce temps-là (ii) enfin (iii) essentiellement (iv) religieusement (v) goulûment (vi) bien (vii) tous les matins (viii) complètement (ix) doucement.

67 [542–80]

(1) [542–52]
(i) (a) Ils ne veulent pas . . .
  (b) Il n'a jamais eu . . .
  (c) Je n'ai pas eu **de** regrets.
  (d) Les Nations unies ne sont plus autorisées . . .
  (e) La police n'intervient qu'en cas de bagarre.
  (f) La situation n'a véritablement évolué que dans les années 90.
  (g) . . . de ne faire aucune promesse qu'il **ne** pourrait honorer.
  (h) Je n'ai jamais pensé à ça.
  (i) Aucune mesure . . . n'est envisagée.
(ii) (a) Ce n'était pas ma faute.
  (b) Tu n'y vas pas?
  (c) Elle n'a pas les cheveux blonds.
  (d) Vous n'avez pas **de** bonbons?
  (e) Elle n'a rien vu?
  (f) Paris ne m'a jamais plu.
  (g) Vous ne jouez plus au tennis?
  (h) Rien ne vous êtes arrivé?
  (i) Il ne nous est rien arrivé de très intéressant.

       (j) Le gouvernement n'a rien fait pour les pauvres.

       (k) Vous n'avez rien d'autre?

       (l) Je ne veux voir personne d'autre.

(iii) (a) Non, la mer ne me manque pas.

       (b) Non, je n'ai pas de regrets / je ne regrette rien.

       (c) Non, je n'ai jamais aimé la nature.

       (d) Non, je ne me suis jamais intéressé(e) à l'environnement.

       (e) Non, je ne l'ai jamais aimé(e) du tout.

       (f) Non, personne ne va essayer de le faire.

       (g) Non, personne n'aurait pu le faire.

       (h) Non, le gouvernement n'a rien fait pour les pauvres.

       (i) Non, je ne l'aime plus.

       (j) Non, je n'ai trouvé mes amis nulle part.

       (k) Non, cela n'a aucune importance.

       (l) Non, l'obésité n'est nullement une fatalité.

(iv) (a) . . . de ne pas rencontrer mon ex au bal.

       (b) . . . de ne pas y aller.

       (c) . . . de ne pas sortir ce soir?

       (d) . . . de ne jamais rentrer aux États-Unis.

       (e) . . . de ne plus y aller.

       (f) . . . ne vouloir aucunement partir.

       (g) . . . de ne pas modifier sa politique monétaire.

(2) [553]

       (a) Ce n'est que l'argent qui compte . . .

       (b) Je n'ai dit la vérité qu'à ma meilleure amie, Florence.

       (c) Il ne néglige pas que sa femme.

       (d) Il n'y a pas que cette entreprise à faire faillite.

       (e) Il n'y a que lui à rater le bac.

(3) [555]

       (a) Je n'ai jamais rien volé.

       (b) Je n'ai jamais aimé aucun de ses disques.

       (c) Elle a essayé de ne jamais rien dire de blessant à personne.

       (d) Rien ne lui plaît jamais.

       (e) Personne ne veut rien faire de nouveau.

       (f) Elle dit qu'elle n'a jamais aimé personne.

       (g) Je n'y vais jamais plus.

(4) [556]

       (a) Tu n'es pas content? (N'es-tu pas content?)

       (b) Es-tu sûr que tu n'as rien perdu?

       (c) Ce n'est pas vrai qu'il ne veut jamais sortir avec moi.

       (d) Il n'y a pas beaucoup de monde ce soir.

       (e) Le théâtre ne sert à rien. (Le théâtre, cela ne sert à rien.)

(5) [557–8]

(a) pas (b) Personne (c) Rien (d) Pas du tout/Aucun (e) . . . rien . . . personne . . . personne (f) aucun (g) pas (h) jamais (i) jamais (j) Pas du tout (k) Pas (l) Jamais.

(6) [559–61]

(1) All possible.

(2)

(a) La bague était magnifique, mais elle ne pouvait l'accepter.

(b) Les enfants n'osent demander plus d'argent.

(c) Quelle femme ne serait fière d'un fils comme lui?

(d) Ce n'est pas qu'il ne soit travailleur, mais qu'il est peu intelligent (bête).

(e) Il ne savait quelle route prendre.

(7) [562–7]

(a) . . . qu'il ne le croit. (He's less intelligent than he thinks.)

(b) . . . que n'en avaient leurs parents. (They have more money than their parents had.)

(c) . . . qu'elle n'arrive en retard. (I'm afraid she'll arrive late.)

(d) . . . qu'il ne réussisse? (Do you doubt that/whether he'll succeed?)

(e) . . . avant qu'elle ne parte . . . (He always kisses his mother before she goes off to her office.)

(f) . . . à moins que sa banque ne vienne à son aide. (This company will go bankrupt unless its bank comes / if its bank does not come to its aid.)

(g) Vingt ans se sont écoulés depuis que nous ne nous sommes vus. (Twenty years have passed since we saw each other.)

(8) [571]

(a) La police n'a arrêté ni les garçons ni les filles.

(b) Ni Philippe ni Jean ne sont très amis avec Jérôme.

(c) Madame Saint-Paulain . . . ne lui avait écrit ni ne lui avait envoyé un/de cadeau.

(d) Son père n'avait rien appris ni rien oublié.

(e) Je ne peux prêter mon vélo ni à Jeanne ni à Louise.

(f) Je ne suis responsable ni de la production ni de la distribution de ce magazine.

(g) Je ne vais passer plus de 3 mois ni à Bordeaux ni à Toulouse.

(h) Il n'a promis de venir ni dimanche ni lundi matin.

(i) Cet étudiant n'est pas très travailleur, ni sa sœur non plus.

(j) Je ne vais pas souvent à Paris. Mes parents non plus.

(k) Je n'aime ni la guerre ni le terrorisme.

(9) [572–80]

(a) Mais non (b) que non (c) que non (d) Non / Mais non . . . non / non pas (e) non / non pas (f) non / pas (g) non / pas (h) non / pas (i) pas (j) non / pas (k) non (l) non

68 [581–95]

(1) (a) Vous n'avez pas de regrets n'est-ce pas? / N'avez-vous pas de regrets?

   (b) Vous êtes innocent? / Êtes-vous innocent?

   (c) { Tu t'appelles comment? / Comment est-ce que tu t'appelles?
        { Comment tu t'appelles?

   (d) Est-ce que c'est la bonne décision? / Est-ce la bonne décision?

   (e) Est-ce que ces deux hommes se connaissent? / Ces deux hommes se connaissent-ils?

   (f) { Les Français sont égoistes? / Les Français sont-ils égoistes?
        { Ils sont égoistes, les Français?

   (g) Vous savez ce qu'il a fait? / Est-ce que vous savez ce qu'il a fait?

   (h) Est-ce que les top models sont des femmes? / Les top models sont-elles des femmes?

   (i) Tu aimes les groupes américains? / Aimes-tu les groupes américains?

   (j) Il y a autre chose que vous voulez ajouter? / Y a-t-il autre chose que vous voulez ajouter?

   (k) A qui est-ce que ces enfants appartiennent? / A qui appartiennent ces enfants?

   (l) Combien est-ce qu'il y a de pièces dans cette maison? / Combien y a-t-il de pièces dans cette maison? (Combien de pièces y a-t-il dans cette maison?)

   (m) Il reste à faire quoi? / Qu'est-ce qu'il reste à faire?

   (n) Pour changer ce système vous proposez quoi? / Que proposez-vous pour changer ce système?

   (o) A quoi est-ce que les Américains jouent? / A quoi les Américains jouent-ils? (A quoi jouent les Américains?)

   (p) Cet album s'appelle *Soul Assassins* pourquoi? / Pourquoi cet album s'appelle-t-il *Soul Assassins*?

   (q) Cet homme est responsable de quoi? / De quoi est-ce que cet homme est responsable?

   (r) Et est-ce que la réponse du gouvernement a été encourageante? / Et la réponse du gouvernement a-t-elle été encourageante?

   (s) Il est difficile de plaire à tout le monde? / Est-il difficile de plaire à tout le monde?

(2) (a) Vous m'entendez?

   (b) Ta mère va où? (Elle va où, ta mère?)

   (c) Votre père fait quoi? (Il fait quoi, votre père?)

   (d) Vous aimez qui?

   (e) Pourquoi il a dit ça?

   (f) Mes enfants vont travailler en France pendant combien de temps?

   (g) Ta mère, à quelle heure du matin elle est partie? / Elle est partie à quelle heure du matin?

   (h) Pourquoi vous avez dit ça?

(3) (a) Qu'avez-vous dit?

    (b) N'avez-vous pas eu l'impression que Marie-Laure est souvent triste?

    (c) Qui vas-tu voir?

    (d) Comment le savez-vous?

    (e) Où cette route va-t-elle nous mener?

    (f) Vos parents ne vous ont-ils jamais donné de cadeaux?

(4) (a) Vous arrivez à Londres quand?

       Quand est-ce que vous arrivez à Londres?

       Quand arrivez-vous à Londres?

    (b) Tu l'aimes depuis combien de temps? (depuis quand?)

       Depuis combien de temps est-ce que tu l'aimes?

       Depuis combien de temps l'aimes-tu?

    (c) Tu le sais comment? Comment tu le sais?

       Comment est-ce que tu le sais?

       Comment le sais-tu?

    (d) Ça sert à quoi? / A quoi ça sert?

       A quoi est-ce que ça sert?

       A quoi cela sert-il?

    (e) Il y avait beaucoup de monde?

       Est-ce qu'il y avait beaucoup de monde?

       Y avait-il beaucoup de monde?

    (f) Vous n'aimez pas ma nouvelle robe?

       Vous n'aimez pas ma nouvelle robe, n'est-ce pas?

       Ma nouvelle robe, vous ne l'aimez pas (n'est-ce pas)?

       N'aimez-vous pas ma nouvelle robe?

(5) (a) Est-ce un ami?

    (b) Votre frère est-il marié?

    (c) A quelle heure (du matin) ramasse-t-on les ordures?

    (d) Comment votre oncle est-il venu chez vous?

    (e) Ne l'aimez-vous pas?

    (f) Depuis combien de temps êtes-vous là?

(6) Je me demande

    (a) si c'est vrai.

    (b) si elle est plus jeune que moi.

    (c) s'il était vraiment heureux de me revoir.

    (d) qui elle aime.

    (e) où est né son père / où son père est né.

    (f) pourquoi Philippe n'a pas téléphoné.

    (g) depuis combien de temps vous êtes là.

    (h) quand votre sœur sera de retour.

(7) (a) On se demande toujours si c'est la faute aux parents.

    (b) Le nouveau salarié demande à Jean si c'est lui le patron.

(c) Le professeur nous a demandé si nous avions fini.
(d) Aujourd'hui il est important que l'on demande aux scientifiques si toute forme de vie ne doit pas être considérée comme sacrée et jusqu'où l'homme a le droit de modifier le cours de la nature.
(e) L'agent de police nous a demandé qui nous étions et ce que nous faisions là.
(f) J'avais demandé au fermier ce qui poussait dans ce champs-là.
(8) (a) Qui êtes-vous?
Qui est-ce qui vous êtes?
Vous êtes qui?
(b) Ton frère ne travaille-t-il pas trop?
Est-ce que ton frère travaille trop?
Ton frère ne travaille pas trop? / Il ne travaille pas trop, ton frère?
(c) Pourquoi ta / sa sœur est-elle partie à 7 h du matin?
Pourquoi est-ce que ta / sa sœur est partie à 7 h du matin?
Pourquoi ta / sa sœur est partie à 7 h du matin?
(d) Que va chanter notre idole?
Qu'est-ce que notre idole va chanter?
Notre idole va chanter quoi? / Il va chanter quoi, notre idole?
(e) Où se cachaient mes frères?
Où est-ce que mes frères se cachaient?
Mes frères se cachaient où?
(f) Que vais-je faire?
Qu'est-ce que je vais faire?
Je vais faire quoi?

69 [596–601]

(1) (a) C'est à l'Élysée qu'habite le Président de la République.
(b) «Je ne sais pas,» a répondu l'élève.
(c) Vos parents ont-ils acheté cette maison?
(d) Peut-être que c'est Michel / Peut-être est-ce Michel qui l'a fait.
(e) «Tu m'aimes, n'est-ce pas, chérie?» me demande ma mère.
(f) Peut-être vos enfants ont-ils des projets de voyage / Peut-être que vos enfants ont des projets de voyage.
(2) (a) C'est à Paris qu'habitent mes parents.
(b) Not possible.
(c) Not possible.
(d) Je n'avais pas lu le roman dont parlait mon professeur.
(e) Not possible.
(f) Savez-vous de quoi il s'agit?
(g) Les Britanniques, paraît-il, n'ont pas gagné de médailles d'or.

(3) (a) Peut-être a-t-on raison de critiquer le ministre.

(b) Peut-être le ministre nous a-t-il menti.

(c) Sans doute cette crise de la société va-t-elle de pair avec la crise économique.

(d) A peine Jean achève-t-il ses études à Paris et il a trouvé un emploi intéressant en Italie.

(e) A partir du (. . .) Aussi l'espace vital des fumeurs qui . . . se trouvera-t-il considérablement réduit.

(f) A peine ai-je fini mon travail, que / et / quand Louise est arrivée.

(g) Peut-être Pierre n'aime-t-il plus sa femme / Peut-être que Pierre n'aime plus sa femme.

(h) La situation (. . .) Aussi les Nations unies devraient-elles s'occuper de la question.

(4) (a) C'est là où habitaient mes parents et c'est là où j'ai connu Sophie.

(b) «Comment l'avez-vous fait? (Comment est-ce que vous l'avez fait?) (Comment vous l'avez fait?)» demanda-t-il (a-t-il demandé). «Je ne sais pas,» répondit-elle (a-t-elle répondu).

(c) Je ne pouvais pas trouver un emploi / un poste, aussi étais-je obligé d'habiter chez mes parents. (J'étais donc obligé . . .)

(d) A peine était-il (A peine qu'il était . . .) rentré des États-Unis que sa sœur a décidé de se marier.

(e) Peut-être les pays plus riches ont-ils le devoir de donner / fournir une aide économique aux plus pauvres. (Peut-être que les pays plus riches ont le devoir de . . . / Les pays plus riches ont peut-être le devoir de . . .)

70 [602]

(1) (a) (i)   Question concerns **readiness or unreadiness**.

(ii) **Vous** emphasized (as opposed to any other people).

(b) (i)   Statement of fact / with **me** as opposed to anyone else.

(ii) **The children** (as opposed to anyone else) are with me.

(c) (i)   Statement of fact.

(ii) Emphasis on **adoration**.

(iii) Now my **children** I do love (as opposed to any other people).

(d) (i)   Emphasis on **I** (no matter what others may feel).

(ii) Emphasis on **I** (no matter what others may feel).

(iii) Emphasis on **Bernard** (as opposed to other people, who might be disliked).

(e) (i)   Statement of fact.

(ii) Emphasis on **USA** (as opposed to other countries).

(iii) Emphasis on **I** (as opposed to other people).

(2) (i) (Moi) je suis en train de lire ce magazine (moi).
           or C'est moi qui suis en train de lire ce magazine.
           (NB Difference of context.)
    (ii) Ce magazine, je suis en train de le lire.
    (iii) ⎰ Je suis en train de lire ce magazine-ci.
           ⎱ C'est ce magazine-ci que je suis en train de lire.
    (iv) C'est ce magazine que je suis en train de lire.
(3) (a) La plupart des Français, eux, préfèrent la maison individuelle.
    (b) Je n'ai jamais rien volé, moi.
    (c) Jamais je n'ai vu une si belle fille.
    (d) Cette maison (m')appartient à moi. (C'est à moi que cette maison
         appartient.)
    (e) Cette maison, mes parents l'ont achetée.
    (f) Ce n'est pas dans une telle maison que vivent les familles modestes.
    (g) Cela, c'est difficile à faire.
    (h) Cet homme qui s'en va, vous le connaissez?
(4) (a) Tu as demandé à Simone? Elle sait tout, elle.
    (b) J'ai toujours 17/20 (dix-sept sur vingt), moi.
    (c) Je n'ai joué que deux fois depuis (la) fin (de) janvier, parce que j'ai été
         très pris cette année-ci.
    (d) De l'argent, je n'en ai pas, mais j'ai deux maisons.
    (e) J'ai juré d'être fidèle, et ce serment je l'ai tenu.
    (f) Tu vas faire quoi, toi? (Qu'est-ce que tu vas faire, toi?)
         Vous allez faire quoi, vous? (Qu'est-ce que vous allez faire, vous?)

71 [644–88]

(1) (a) au-dessus de (b) Au (c) à; par (d) qu'en; après; avant (e) hors; de; contre
    (f) en; par; en dehors des (g) en; d'apparence; de (h) par (i) Entre (j) lors
    d'une; auprès du
(2) (a) They said they felt that they had defended (succeeded in defending) their
         cause with the leader of the government.
    (b) Things are getting worse in the hospitals, with three of them having gone
         on strike following the announcement of their budgets.
    (c) They want to improve access to the HLMs for families in difficulty.
    (d) The president has made the improvement of the education system central
         to his concerns.
    (e) He presented the debate as a choice between two (different) philoso-
         phies, one destined for failure, and his own, without which, if he is to be
         believed, there is no hope of salvation.
    (f) On sale in our shops and from approved distributors.

(3)   There are, of course, numerous possibilities. The following are suggestions only.
   (a)   La ville est paralysée, **depuis lundi, par une grève** des **transports en commun**.
   (b)   Il y a eu de violents incidents **entre la police et des manifestants**.
   (c)   **Dans cette ville** sinistrée **par l'effondrement** de la principale **industrie locale**, **près de la moitié** de la population est **au chômage**.
   (d)   Ils protestent **contre la décision** du gouvernement **d'augmenter** les traitements **de 1% en 1997**.
   (e)   L'économie américaine est **dans une situation idéale**, la meilleure qu'elle ait jamais connue **depuis trente ans**.
(4)   (a) Pour; autour d'; dès (b) grâce à (c) avec; lors d' (d) chez; en (e) Près de; sur (f) sans (g) dans; par; pour; à (h) d'; d'; auprès des (i) d'; avec; hors; au sein de (j) d'; à; par.
(5)   The following are examples of sentences using the prepositions mentioned. You may find them useful as patterns.
   (a)   **Grâce à** ses initiatives, cette société connaît un vif succès.
   (b)   Aujourd'hui il est possible d'ouvrir un compte en banque **dès** l'âge de 13 ans.
   (c)   Aucun accrochage majeur n'est survenu **le long de** la route qu'ont empruntée les 45 000 cyclistes.
   (d)   L'absence d'armes chez les policiers anglais est une particularité que certains politiques voudraient voir disparaître, **malgré** le refus d'une écrasante majorité des policiers eux-mêmes.
   (e)   M. Mailhot, le propriétaire, a **quant à** lui donné son accord verbal aux récentes rénovations.
   (f)   C'est un film qui gardera le spectateur captif **jusqu'à** la fin.
   (g)   A l'intérieur de la plus vieille tombe civilisée, on a trouvé un enfant avec des jouets disposés **autour de** lui.
   (h)   Le vrai problème, **selon** lui, c'est l'interprétation des faits historiques.
   (i)   Le débarquement fut très difficile, **à cause du** mauvais temps.
   (j)   Les provinces de l'Ouest sont peuplées d'anglophones qui sont d'abord passés par le Québec avant de poursuivre leur route **vers** l'ouest.

72 [649]

(1)   (a) de voir (b) pour effectuer (c) à faire (d) par vaincre (e) par commettre
   (a)   No economically or technologically coherent project will be prevented from seeing the light of day through lack of government aid.
   (b)   The trouble with the computerized age we live in is that people meet one another less and less to do business.
   (c)   Don't worry, the children won't have an extra couple of hours' journey on the school bus.

(d) In a match against a computer, the world chess champion beat the machine in the end.

(e) Underage children start by committing petty offences and get picked up by the police.

(2) (a) Avant même d'avoir rencontré le ministre, le délégué syndical avait le sentiment qu'il allait perdre la bataille.

(b) Il a adopté une stratégie qui consiste à développer son réseau de vente international.

(c) Le sable empêche les rayons du soleil de détruire les bactéries.

(d) Au lieu de se rendre au bureau, il est allé à l'aéroport.

(e) Sans le savoir, la gauche a joué un rôle déterminant.

(f) Après avoir écrit 34 livres, il espère changer les vieilles perceptions.

(3) (i)

(a) We go there every year in January and August.

(b) We must acknowledge the responsibility of the State with regard to the deportation and death of thousands of Jews.

(c) Pollution comes from us, from our style of living, heating and transport.

(d) Some types of gas affect asthmatics, cause the eyes to burn, and give rise to medical disorders in infants and the elderly.

(e) Civil servants' unions are calling for a day of action, involving strikes and demonstrations.

(f) Steel is not the only metal to rust. All metals exposed to air and humidity become oxidized.

(ii)

The prepositions **à**, **de**, **en** are repeated before each item they govern, as in examples (a), (c), (e) and (f). Prepositions other than **à**, **de** and **en** need not be repeated when the two complements express much the same idea, as in example (b). They **are** repeated when opposite or alternative ideas are involved (see Price, *A Comprehensive French Grammar*, 651, p. 503). Otherwise, repetition is optional, as in example (d).

(iii) No key

73 [652–85]

(1) (a) à jamais (b) en l'air (c) de tout mon cœur (d) par cœur (e) à regret (f) en moyenne (g) chez Balzac (h) de cette façon (i) par avance (j) à l'heure (k) en plein jour (l) de naissance (m) à temps (n) de mal en pire (o) par personne.

(2) (a) ont lancé des pierres sur les soldats

(b) dans les banques de données

(c) sous la pluie

(d) sur une autre brebis

(e) Un Français sur quatre

    (f) En huit ans

    (g) à leur comportement

    (h) la consommation par habitant

    (i) Rien de pire que

    (j) sur les années noires du passé

    (k) pour plusieurs mois à Marseille

    (l) empruntés à la banque

    (m) de moins en moins nombreux; attire de plus en plus

(3) (a) au; en; au; à (b) aux (c) Au (d) en; en; en (e) A; en; en; à (f) Dans le (g) en; en; en; en; dans l'; au; en

(4) For ease of reference, paragraph and page references to Price, *A Comprehensive French Grammar*, are given in brackets after each pair of sentences. The reference for the example sentences is (**659**, p. 513).

(1) (a) **vers** refers to physical motion towards.

    (b) **envers** denotes conduct or attitude towards people. (**675**, p. 525)

(2) (a) **devant** refers to place or position, and may be used in a figurative sense.

    (b) The primary meaning of **avant** is 'before', referring to time. (**663**, p. 516. See also **649** [iv], p. 502)

(3) (a) **par** meaning 'by', expressing the agent or instrument of a passive verb.

    (b) **de** meaning 'by' when the agent's role is a fairly inactive one, or when a state rather than an action is expressed. (**680**, p. 527)

(4) (a) **de l'autre côté de** 'across', meaning 'on the other side of'.

    (b) **à travers** 'across'. (**661**, p. 515)

(5) (a) **en arrière** 'back'.

    (b) **derrière** 'behind', in a literal sense. (**669**, p. 521)

74 [686–8]

(1) (a) proche de; transmissible à (b) responsable de (c) tenté de (d) faite d' (e) chargés de; contraires aux (f) contraints de (g) sensibles au (h) attentifs à (i) inquiets de (j) destinée à (k) disposé à (l) prompts à (m) prêts à (n) satisfaits de (o) favorable pour (p) apte à

75 [689–704]

(1) (i)

    (a) quand: S; mais: C

    (b) que: S

    (c) et: C; tandis que: S

    (d) mais: C

    (e) en attendant que: S

    (f) si: S; que: S (NB ce <u>que</u>: here <u>que</u> is a relative pronoun. See [262].)

    (g) ainsi que: S

(h) comme: S

(i) ou: C

(j) ni ... ni: C (NB le bien que: que here is a relative pronoun. See [262].)

(ii)

(a) When she came back, we recognized her straightaway, but she was not in good shape.

(b) The company has designed the shape of its new product entirely by computer / The company's new product has been entirely designed by computer.

(c) My mother was a pianist and gave chamber music concerts, while (whereas) my father was always (away) on business trips.

(d) He has lived in the Paris suburbs for ten years, but he does not feel French.

(e) In the evenings, the women watch sentimental films until their husbands come back from the café.

(f) If the journalists had done their homework, they would have found out that most of these young people want the same thing: the freedom to be themselves.

(g) The victim was badly beaten, as was a young woman who tried to intervene.

(h) As they have (wear) a green band on (around) their caps, one can easily recognize auxiliary police officers (the auxiliary police are easy to recognize).

(i) This housing application (request) must be made (addressed) to the municipal housing department or to the mayor.

(j) Edith Piaf sang: No, I regret nothing (I don't regret anything / I have no regrets), neither the good that has been done to me (good things that have ...), nor the bad: it is all the same to me ...

(2) (a) fût: S; (b) a: I; (c) soit: S; (d) attend: I; (e) dites: I; (f) sois allée: S; soit parti: S; (g) j'écris: I; dis: I (conversational) OR dise: S (literary); (h) sachions: S; (i) vit: I; (j) puissions: S.

(3) [699–704]

(a) Qu'il vous (te) plaise ou non

(b) Si vous aimez (tu aimes) les ordinateurs et que vous avez / ayez (tu as / aies) le temps

(c) Que vous avez (tu as) un joli jardin!

(d) Lorsque le professeur entra et qu'il s'assit

(e) que vous connaissez (tu connais) si bien la Bretagne

(f) que l'orage éclata

(g) Je voudrais que mes enfants aient l'occasion

(h) Que ce soit une découverte capitale

(i) que la guerre finisse!

(j) Elle le jurerait, qu'il ne le croirait pas.

76 [705]

(1) (c) Elle a 70 ans.
(d) Jean-Paul est né le 1er octobre 1929.
(e) Émile est né le 1er juillet 1989.
(f) Il a 25 ans et 2 mois.
(g) Sylvie est née le 1er janvier 1940.
(h) Elle a 99 ans et 11 mois.
(i) On ne sait (pas) quel âge il a.
(2) (a) Non, il a moins de 65 ans / il n'a pas plus de 65 ans.
(b) Non, elle a plus de 40 ans / elle n'a pas moins de 40 ans.
(c) Oui, Reine-Marie est plus âgée que Jean-Paul.
(d) Non, elles ont le même âge.
(e) Marie-France a 10 ans de plus que Michel.
(f) André a (..............) ans de (plus) / (moins) que moi.
(g) Émile a 30 ans et 3 mois de moins que Stéphanie.
(h) J'ai (..............) ans de moins que Michel.
(3) (a) de (de plus de) (b) de; de (c) de; de; ans (d) A (e) A
(4) (a) Ta sœur a quel âge? (Quel âge a votre sœur?)
(b) Mon grand-père ne sait quel âge il a.
(c) Elle est / c'est une dentiste de 40 ans.
(d) Il n'a que quatorze ans.
(e) La moitié des 18–25 ans ne croient plus en Dieu.
(f) A 14 ans, on est toujours / encore mineur.

77 [706–7]

(1) (a) Half past twelve (midnight) / *minuit et demi*
(b) Five to three / *trois heures moins cinq (de l'après-midi)*
(c) Five past eight / *huit heures cinq (du soir)*
(d) A quarter to ten / *dix heures moins (le) quart (du soir)*
(e) From a quarter to ten to a quarter past ten / *de dix heures moins (le) quart à dix heures et quart / dix heures quinze (du matin)*
(2) (b) 10.35
(c) 11.05
(e) 12.05
(f) 12.25
(h) 13.15
(i) 13.45
(j) 14.15
(l) 15.15

(m) 16.20

(n) 18.30

(o) 18.50

(3) (a) Quatre heures du matin (4 h 00)

(b) Quatre heures de l'après-midi / du soir (16 h 00)

(c) A six heures moins le quart du matin (à 5 h 45)

(d) A minuit (à 0 h 00)

(e) A neuf heures moins vingt du soir (à 20 h 40)

(4) (a) «Tu sais quelle heure il est?»

(b) «Il est dix heures précises / juste / pile.»

(c) «Et est-ce que tu sais à quelle heure ta mère va arriver?»

(d) «Je crois qu'elle a dit qu'elle va arriver vers midi et demi et qu'elle va prendre le déjeuner avec nous.»

(5) (a) en (b) en; au (c) en; le; (d) au (e) en; du; au (f) les; le; l' (g) le (h) le samedi; le dimanche (i) en; av. (= *avant*) (j) En; ap. (= *après*) (k) en (l) dans (m) dans (n) en; en; des (o) au; à; du.

(6) (a) Rennes est devenu(e) la capitale de la Bretagne dans les années 1960.

(b) Paul McCartney a joué de la guitare sur scène pour la première fois le 18 octobre, 1957.

(c) Les vacances de Noël commenceront le samedi 20 décembre.

(d) Les Romains ont envahi la Grande-Bretagne en 45 avant J.-C.

(e) La télévision n'existait pas aux XVIIIe et XIXe siècles.

(f) Vous allez toujours au cinéma le dimanche?

(g) Il va venir me voir le lundi deux novembre.

(h) Où est-ce que les Jeux Olympiques auront lieu en l'an 2010?

78 [708–11]

(1) (a) I've arranged the meeting for 2 o'clock.

(b) I'll go to see him in two hours' time.

(c) It took me two hours to organize everything / I organized everything in two hours.

(d) She's been waiting for me for two hours / since two o'clock.

(e) How long has he been working / has he worked for Renault?

(2) (a) pour (b) depuis (c) depuis (d) en (e) En (f) dans (g) dans (h) dans (i) depuis (j) Dans (k) en; en (l) en; en (m) d'; à (n) pour; jusqu'en (pour) (o) dès / à partir de; dès / à partir de (p) pour (q) de; à (r) Du; au (s) jusqu'au (t) depuis; jusqu'ici; par.

(3) (i)

(a) En 1999.

(b) Il a commencé à travailler chez nous il y a 14 ans / Ça fait 14 ans qu'il a commencé à travailler chez nous.

(c) Il travaille chez nous depuis 14 ans / Il a travaillé (pendant) 14 ans chez nous / Ça fait 14 ans qu'il travaille chez nous / Voilà 14 ans qu'il travaille chez nous.

(ii)

(a) en 2005

(b) . . . 20 ans etc.

(c) depuis 20 ans etc.

(4) (a) Il travaille chez nous depuis 20 ans.

(b) Il travaille chez nous depuis 20 ans déjà.

(c) Il travaillait chez vous depuis 20 ans?

(d) Ça faisait 20 ans qu'il travaillait chez vous?

(e) Il travaillait chez nous depuis des années.

(f) Voilà des années qu'il travaillait chez vous, n'est-ce pas?

(5) (i)

(a) En quelle année vous êtes-vous marié(e)?

(b) En 1970.

(c) Alors vous êtes marié(e) depuis plus de 20 ans?

(d) Je crains que oui.

(ii)

(a) Pour combien de temps est-ce que vous allez à Bordeaux?

(b) Je crois que cette fois j'y vais pour 9 mois.

(c) Alors, ce n'est pas votre première visite?

(d) Non.

(e) Vous (y) êtes allé combien de fois?

(f) Eh bien, jusqu'en 1990, j'y suis allé deux fois par an, mais chaque fois je n'y ai passé qu'un mois.

(g) Et quand est-ce que vous partez?

(h) Dans quinze jours.

79 [712]

(1) (a) On peut acheter la radio-réveil (pour) 185 FF.

(b) La radio-cassette stéréo se vend 499 FF.

(c) Le lecteur de cassettes vidéo coûte 2 490 FF.

(d) Le téléviseur couleur avec télécommande vaut 5 990 FF.

(e) On paye le téléviseur de poche extra-plat à cristaux liquides 1 490 FF.

(2) (a) Les radis coûtent 2,5 francs la botte.

(b) Les poires coûtent 8 francs le kilo.

(c) L'huile extra se vend 200 francs le litre.

(d) Le yaourt se vend 5,6 francs le pot 500 g.

(e) On peut acheter le thé Lipton 20 francs la boîte (de) 100 sachets.

(f) On paye le chocolat extra 7,50 francs la tablette (de) 200 g.

(g) Le prix du vin rouge de table est de 14 francs la bouteille.

(h) Les pêches se vendent 3 francs la pièce.

(3) (a) pour (b) pour; pour (c) pour; à (d) pour (e) la (f) de (g) pour; la (h) de (i) la (j) de (k) à (l) la (m) de (n) pour.

(4) For example:

    (a) ... maison qui coûte moins de £200 000.

    (b) Un aller simple vous coûtera 225 FF et un aller retour 450 FF.

    (c) à 60 FF.

    (d) *omit* **pour** / Barnette Bank a été rachetée par Nations Bank ...

    (e) ... on vend le cacao ... / le cacao vaut ...

    (f) Les coupons de réduction valent en moyenne 10 FF.

    (g) ... le bon vin se vend 50 FF la bouteille.

    (h) On vend ce PC 10 000 FF HT.

    (i) Chacun de ces albums vaut 80 FF / Ces albums se vendent 80 FF chacun / Chaque album coûte 80 FF.

    (j) Il gagne 145 000 FF par an / Il touche un salaire annuel de 145 000 FF.

    (k) La valeur de l'entreprise a été estimée à 2 milliards de francs.

    (l) ... les vidéocassettes se vendent 350 FF la douzaine / le lot de 12.

    (m) ... le bénéfice net réalisé par notre entreprise a été de 2,5 millions de dollars.

    (n) ... usine qui nous a coûté £300 000 / que nous avons payée £300 000.

(5) (a) My wife and I had to pay 5,000 FF each for our tickets, but our two children (aged 2 and 4) were allowed to travel free (of charge).

    (b) These VHS videocassettes are sold for / sell at 359 FF for five / a pack of five.

    (c) This Laura Ashley material sells at / for 189 FF a metre in France.

    (d) I bought three three-franc stamps.

    (e) I paid him / her 10,000 FF for the repair.

80 [713]

(1) (a) ... long de 120 cm et large de 135 cm.

    (b) ... 37 cm sur 72.

    (c) ... 150 cm de long et 190 cm de large / une longueur de 150 cm et une largeur de 190 cm / 150 cm de longueur et 190 cm de largeur.

    (d) une longueur de 42 cm, une largeur de 35 cm et une épaisseur de 10 cm / 42 cm de long (longueur), 35 cm de large (largeur) et 10 cm d'épaisseur.

(2) (a) 4 000 km de long (longueur) et de 5 à 10 km de profondeur / une longueur de 4 000 km et une profondeur de 5 à 10 km.

    (b) ... de 14 cm sur 9 minimum et de 15 cm sur 10 maximum.

    (c) ... 1 008 km de long / 1 008 km de longueur / une longueur de 1 008 km.

    (d) ... de 300 mètres de haut / d'une hauteur de 300 mètres.

(3) (a) La tour Eiffel est haute de 300 m / a une hauteur de 300 m / est une tour
        de 300 m de haut.
    (b) La Loire a 1 008 km de longueur / est long de 1 008 km.
    (c) Les cartes postales ont une longueur de 14 cm et une largeur de 9 cm /
        ont 14 cm de long (longueur) et 9 cm de large (largeur).
    (d) Le grand canyon de Mars a une profondeur de 5 à 10 km.
(4) (a) Quelle est la hauteur de la tour Eiffel? / La tour Eiffel a quelle hauteur?
    (b) Quelle est la longueur de la Loire? / La Loire a quelle longueur?
    (c) Quelles sont la longueur et la largeur des cartes postales? / Quelles sont
        les dimensions des cartes postales? / Les cartes postales ont quelle longueur
        et quelle largeur (quelles dimensions)?
    (d) Quelle est la profondeur du grand canyon de Mars? / Le grand canyon
        de Mars a quelle profondeur?
(5) (a) Son frère avait plus de 2 mètres de haut / Son frère était grand de plus de
        2 mètres.
    (b) Il portait un téléviseur de poche dont l'écran ne mesurait que 20 cm sur 20.
    (c) Tout le monde veut savoir quelle est la hauteur du bâtiment le plus haut
        du monde.
    (d) L'Océan Pacifique a une profondeur de 3 000 m à 5 000 m / L'Océan
        Pacifique a 3 000 à 5 000 m de profondeur.
    (e) Le ballon de rugby a une circonférence de 71 cm.

81 [714–15]

(1) (a) 80 km/h (b) 120 km/h (c) 200 km/h (d) 25 m.p.h. (e) 40 m.p.h. (f) 100
    m.p.h.
(2) (a) ... du quatre-vingt (à l'heure)
    (b) ... du cent vingt
    (c) du deux cents
    (d) du quarante
    (e) du soixante-quatre
    (f) du cent soixante
(3) (a) ... une vitesse de 72 km/h
    (b) ... 96 km/h
    (c) ... entre 20 et 30 km/h
    (d) ... de 1 cm/seconde
    (e) ... roulant à plus de 140 km/h ... à 50 km/h
    (f) ... à 60 km/h ... trois litres au cent